树立和落实全面发展、协调发展和可持续发展的科学发展观，对于我们更好地坚持发展才是硬道理的战略思想具有重大意义。树立和落实科学发展观，这是二十多年改革开放实践经验的总结……也是推进全面建设小康社会的迫切要求。

胡锦涛

《树立和落实科学发展观》

2003 年 10 月 14 日

坚持以人为本，树立和落实全面、协调、可持续的发展观，做到统筹城乡发展、统筹区域发展、统筹经济社会发展、统筹人与自然和谐发展、统筹国内发展和对外开放，是我国二十多年改革开放和现代化建设实践经验的总结，是全面建设小康社会的必然要求，符合社会发展的客观规律。

胡锦涛

《在全党大力弘扬求真务实精神，大兴求真务实之风》

2004 年 1 月 12 日《十六大以来重要文献选编》

城乡统筹 和谐江宁

Chengxiang Tongchou Hexie Jiangning

——探索中国城乡发展之路

Tansuo Zhongguo Chengxiang Fazhan Zhi Lu

姚士谋　杨永清
任永明　王红杨 ■ 编著

中国科学技术大学出版社

图书在版编目(CIP)数据

城乡统筹，和谐江宁：探索中国城乡发展之路/姚士谋等编著．—合肥：中国科学技术大学出版社，2011.6

ISBN 978-7-312-02555-6

Ⅰ．城…　Ⅱ．姚…　Ⅲ．城乡建设—研究—南京市　Ⅳ．F299.275.31

中国版本图书馆CIP数据核字(2011)第113511号

出版　中国科学技术大学出版社

安徽省合肥市金寨路96号，邮编：230026

网址：http://press.ustc.edu.cn

印刷　合肥晓星印刷有限责任公司

发行　中国科学技术大学出版社

经销　全国新华书店

开本　787mm×1092mm　1/16

印张　11

字数　188千

版次　2011年6月第1版

印次　2011年6月第1次印刷

定价　68.00元

学术顾问

齐　康　陆大道　崔功豪

主要作者

姚士谋　杨永清

任永明　王红杨

推进城乡统筹，规划是先导、是核心、是灵魂，规划水平高低决定试点工作成败，影响新农村建设成效。要把集约、节约利用土地的理念贯穿于规划编制始终，把增加耕地面积、提高土地使用效益、重组城乡资源要素、增加农民实惠、促进城乡一体化发展，作为这一轮城乡统筹的根本目的；要实现总体规划、产业发展规划、土地利用规划、基础设施规划、环境保护建设规划“一张图”，提高规划的科学性，用以指导农村未来10年乃至20年的发展；要利用好南京农村良好的生态资源优势，吸引国际国内先进的设计理念，精心规划设计一批景色秀丽、风格独特的新农村、新社区示范点，为打造“美丽乡村”贡献更多精品。

中共南京市常委、市委副书记　陈绍泽

2011.3.21(南京日报)

江宁区今后社会经济总体发展的要求是：坚持以党的十七大和十七届五中全会，中央和省经济工作会议以及省市全委会精神为指导，深入落实科学发展观，正确把握国内外形势新变化新特点，紧紧围绕“十二五”发展的主题、主线和奋斗目标，突出调结构、抓创新、强功能、提品质、惠民生、促和谐的重点任务，全力发展战略性新兴产业，全力提升科技创新创业能力，全力推进功能片区开发建设，全力深化城乡一体化发展，全力加强以民富为重点的社会建设，推动政治建设、文化建设、生态文明以及党的建设迈出新步伐，奋力夺取“十二五”发展的开局之胜。

中共南京市委常委、江宁区委书记　周　谦

在江宁区十五届人大四次会议上的讲话(2011.1.14)

序

江宁位于我国长江三角洲的西南部，山水田园秀美、历史文化悠久、人杰地灵。当今之江宁区隶属江苏省南京市，是南京市未来发展重要的新区，也是长江三角洲经济延伸、连接安徽皖江城市带的承转之地。在改革开放的大潮中，江宁人在党的阳光沐浴下，扬起改革的风帆，意气风发、激流勇进，坚持城乡统筹，不断取得城乡社会主义建设新的成就。

在本世纪之初，江宁人在百家湖畔建设了颇具深意的“世纪凤凰坛”。凤凰涅槃雕塑隐喻了江宁人果敢创新、勇对转变发展方式带来的挑战，坚毅忍耐、不畏探索新路子的创业艰难。经过近 20 年的持续努力，江宁区在南京市委、市政府领导下，认真落实党中央有关“坚持以人为本，树立和落实全面、协调、可持续的发展观，做到统筹城乡发展、统筹区域发展、统筹经济社会发展、统筹人与自然和谐发展、统筹国内发展和对外开放”的要求，完成了几次超常规的历史跨越，在当代中国城镇化发展的历程中绘出了独具特色的一笔。

自上世纪 90 年代中期，中国的城镇化进程开始明显加速，“城市郊区化”现象凸显，国内许多大城市都面临着无序蔓延的棘手问题，在城市蔓延中形成的对农民的某种“剥夺”也不时引发社会的不安定。江宁区在这一时期，先享南京禄口机场在江宁区建设所构成的对外交通重要口岸带来的优势，再借 90 年代中后期南京城市布局中向南推进的东风和江宁跨越式发展的机遇，开始了大规模的建设活动。建设初期，江宁也走过弯路，但江宁人不气馁、不怨天尤人，而是端正方向、积极进取。在京市规划局、南京大学规划建筑设计院、南京大学中法城市·区域·规划科学研究中心、东南大学规划设计院和江宁区人民政府等有关单位的大力支持和帮助，同时也得到了中国科学院陆大道院士的支持和关心，我们深深地表示衷心的感谢！也感谢提供资料和照片的一些同志！由于组织编写的时间仓促和工作量较大，书中难免会存有不少错误，致请同仁和读者的谅解！

中国科学院南京地理与湖泊研究所

南京市江宁区规划局

南京大学、东南大学

2011 年 5 月 28 日

目　次

Contents

引　　言

南京市江宁区的建设发展在中国城乡统筹的历史进程中，犹如一部荡气回肠的史诗。在南京大都市圈的构建格局中，江宁新城是关键的一方，她不仅是南京主城区充满着生机勃勃的一个新的增长点，也是长江三角洲城市化地区具有魅力的城乡统筹区域。

在历史的长河中，不说姑苏之美、杭州的鼎沸、金陵的华贵、太湖之富，还有扬州的古迹、京口的繁庶、江都的喧嚣等，都在江宁的左右，江南胜地的这些地方都不逊色于历史上国内很多名城胜地。

改革开放后的30年，江宁也经历过曲折、缓慢的发展过程，到了2000年后，开始了超常规发展的历史跨越。江宁人振作起来了，江宁起来了。江宁的建设者与精英们锐意进取，精心规划，扎实建设，在科学发展观指导下，用精明、品位、责任、智慧和实力去构建南京新城的风貌，创建新的江宁区，创造了一个南京大都市区的新江南。

仅仅十多年，江宁区就发展成为江苏省在长江三角洲地区一颗快速崛起的新星，演绎了一出后来居上的发展奇迹。江宁区的城乡统筹的新风貌，无疑是改革开放后我国城乡变化的一个缩影。从"摸着石头过河"到科学发展观，从投资导向到创新驱动，从外资的投入到民营资本的集聚，从政府主导到市场经济的潮流，从产业转型高端化到生态环境、人居环境的塑造，这些巨大的变化，无疑是我国城乡统筹、逐步实现我国社会经济的现代化大道上的又一次凤凰涅槃。

江宁区具有优越的地理区位，地处具有伟大母亲河之称的长江的下游区，在南京主城以南，从东、南、西三面环抱南京主城，与主城的交通联

系十分便捷。南京与上海、杭州以及安徽沿江城市带的联系通道分别从江宁区的北部、中部、西部经过，在长三角地区内仅次于上海浦东国际机场和杭州国际机场的南京禄口国际机场位于江宁区的禄口街道，长江和秦淮河分别从境域的西部和中部穿过，使江宁成为拥有水陆空多种运输方式的对外交通的枢纽型区域。2011 年夏、秋之间，京沪高速铁路以及南京与上海、杭州间的城际铁路还有南京现代化的南站枢纽（位于江宁区）很快建成，江宁区的综合交通体系日臻完善。

江宁区在城乡统筹和大都市边缘区的开发过程中，具有独特的区位优势与城乡一体化的优越条件，主要表现在：①经济实力的开发优势；②城市化过程吸纳农村劳动力的优势；③农民在乡村兼业（二、三产业）而就近就业的优势；④全区公共保障服务系统与设施网络覆盖的优势；⑤城市产业向乡村延伸的优势；⑥小城镇成为城乡统筹核心载体的潜力。

在本书中我们将通过历史发展的材料与事实，揭示江宁区和谐发展的内涵与本质，同时简述全区自然协调、城乡一体化和才智创富的产业理念，并使得规划建设的春风在非凡创意的一片沃土上展示江宁模式的新风采。

篇一　江宁区城乡新面貌

一、走进新的江宁

走进江宁，深入到美丽广阔的城乡：

舒展开来的是一幅春意盎然的长长画卷，

展现在眼前的是一方生机勃勃、熠熠生辉、令人驻足的热土。

改革开放以来三十个春夏秋冬，为江宁建设添加了无穷的魅力和火热的景象。

在这里，以人为本建设着城乡：

你将理解现代都市里有着那节奏明快的步伐，

在日新月异的发展中，你会品味到江宁大地飞速发展的奇迹，

走进寻常百姓人家，你会看到他们的生活、居所有着新的面貌。

在这里，水为脉络，路为骨干，交融着城乡：

不仅有波浪奔腾的扬子江和浸染沧桑的秦淮河，

还有那菜花飘香的农家园和穿梭繁忙的人群，

与水相伴，临水而居，让江宁人增添着宁静和谐的气息。

在这里，山田交错，编织着甜美的大地的景色：

有绿色野趣瑰丽多姿的牛首山、青龙山、汤山，

你可以体验山间的清幽、静谧和享受温泉，

感悟山水的秀丽多彩与城乡建设硕果的甜美。

二、优越的区位条件

千里奔腾的扬子江，流经江苏西南部，再向东顺流而下，江水滔滔，一泻千里，由长江口直奔我们祖国的广阔的东海。

南京市域图（江宁区位于居中区位）

长江从上、中游来到江苏时，正好是从江宁区西侧流到金陵古城南京。江宁行政辖区北邻南京主城，东与句容市相接，东南与溧水县毗连，西南与安徽省的马鞍山市相邻，西面与长江对岸的南京浦口区隔江相望，江宁区从西、南、东三面环抱南京主城区。江宁区位于我国富饶美丽、经济发达、人口稠密、城镇密布的长江三角洲城市群的西端，也是全国闻名的江南水乡的一部分。南京与上海、杭州以及安徽沿江城市带的联系通道，分别从江宁区的北部、中部和西部经过，正在飞跃发展中的南京禄口国际机场位于江宁区的中部地带（禄口街道），世界级的重要河川——长江，从江宁区的西部穿越，伴随长江的重要支流——秦淮河，从江宁区的中部流向长江，为江宁区构建了优美的山水大地，增添了丰富多姿的自然风光。

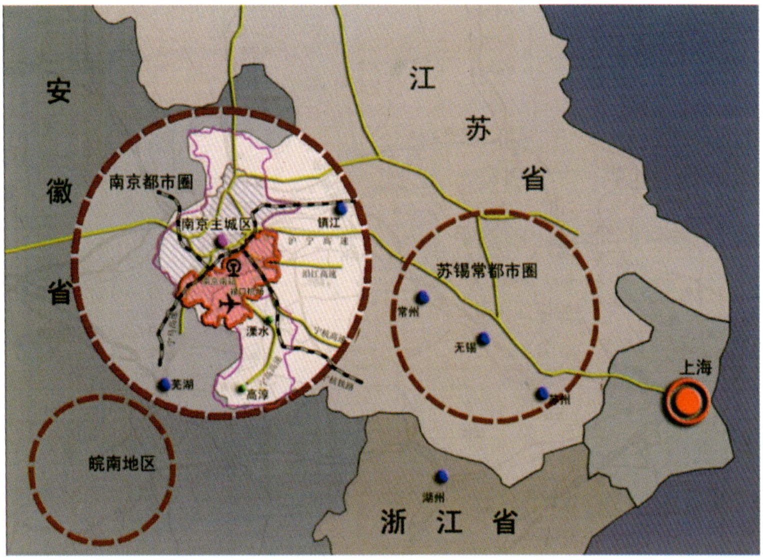

江宁区地理区位图

三、悠久的历史

江宁历史悠久。春秋战国时，江宁地属金陵邑。秦设秣陵、丹阳、江乘三县。汉又分置秣陵、丹阳、江乘、胡孰四县。三国鼎立时，这里属吴都建业境。晋太康二年（公元 281 年），改临江县为江宁县，县治在今江宁街道，历史上第一次出现江宁县名。此后，经历唐、宋、元、明、清、民国，直至新中国成立，这里的建制辖属虽屡有变更，而江宁之名一直沿用下来。期间，从五代十国（杨吴）开始，上元、江宁两县同城而治，历

沿宋、元、明、太平天国各代。民国16年(1927年)，国民政府定都南京，“划县治附近地置南京市”，江宁县直隶江苏省政府。民国22年(1933年)，江宁自治试验县成立。民国23年(1934年)，江宁县从南京市移至东山镇。从此，江宁县与南京市分开。新中国成立后，江宁县曾两次划属镇江专区，到1971年又重新划归南京市，直至2000年12月，撤县设立南京市江宁区。

四、人口经济集聚带

南京市土地总面积有6582平方公里，江宁区在南京各区县中面积最大，达1573平方公里，占全市域国土面积的24%，而且河山壮丽，田园秀美，物产丰饶，人杰地灵。江宁区是江苏省人口经济重要的集聚地带之一，也是南京高铁、高速公路最重要的枢纽区域。

全区2009年末的户籍人口92.7万人，占南京市629.8万人的14.7%。全区年末常住人口99.66万人，其中城镇人口72.29万人，农村人口27.37万人，另外还有流动性的暂住人口46万人，综合城镇化水平64.2%。全区国民生产总值突破503.4亿元，为南京市GDP 4230.3亿元的11.9%，为全市各区县的第一位，其中第一产业30.2亿元，第二产业312.8亿元，第三产业160.4亿元。江宁区近10年来，社会经济得到全面快速的发展，到处出现一片欣欣向荣的景象，2009年全社会固定资产投资达到520亿元，也是在全市各区县的第一位。地方财政收入163.7亿元，按户籍人口算，人均GDP达到54828元，折合美元达到8030美元(按常住人口算也达到7463美元)，居民生活水平提高较快，就是地方农民的人均纯收入也突破1万元，均为全市第一位。但与我省经济发达的苏锡常地区，如江阴、昆山、张家港、常熟等市(县)相比较，江宁仍有较大的差距，上述4个县级市的GDP总量已经达1400—1680多亿元，人均GDP超过1万美元。

2010年江宁全区生产总值(GDP)突破620亿元，地方财政总收入达157.2亿元，各项主要指标稳居全市各区县第一，名列全省十强。在生态文明建设方面，是全国省会城市中首批国家级生态区。江宁开发区跻身国家级经济技术开发区行列，标志着江宁开放开发又迈上了一个新台阶（柏鹏.《江宁区政府工作报告》）。

江宁区分街道户籍人口及其变动情况(2009 年)

地　区	总户数（户）	年末总人口(人)	男(人)	女(人)	出生率(‰)	死亡率(‰)	自然增长率(‰)
总　计	312 337	927 292	461 528	465 764	8.72	5.54	3.18
东山街道	57 562	161 068	80 493	80 575	12.37	3.76	8.61
秣陵街道	64 430	215 977	107 815	108 162	9.42	3.66	5.76
禄口街道	27 178	85 982	43 521	42 461	6.50	6.01	0.49
湖熟街道	30 628	84 347	41 878	42 469	5.87	7.40	−1.53
淳化街道	18 553	59 410	29 569	29 841	6.70	7.93	−1.23
横溪街道	28 968	75 857	37 915	37 942	7.53	6.15	1.38
谷里街道	22 858	57 017	27 798	29 219	7.54	6.64	0.90
江宁街道	27 933	88 336	43 560	44 776	7.93	7.30	0.63
汤山街道	34 227	99 298	48 979	50 319	9.24	6.32	2.92

注：数据来自 2010 年《江宁统计年鉴》。

五、生态优美的城乡环境

江宁区地势南北高、中间低，倚依江河，全区土地面积 15.73 万公顷，其中耕地 5.66 万公顷、林地 2.38 万公顷、建设用地 3.97 万公顷、交通用地 1.86 万公顷、水域面积与其他用地各有 1.86 万公顷，整个地理环境高低错落、山丘平缓、十分优美。

近来，环境保护工作有了新突破，2009 年全区顺利通过了国家生态区建设考核验收。进一步完善了环保基础设施，截止到 2009 年底全区共建成 6 座城市污水处理厂，建成 15 座街道集镇污水处理厂，建成 40 个村级污水处理设施，建成污水提升泵站 13 座，铺设污水收集管网 350 多公里，全区污水日处理能力达 25.5 万吨，城镇污水集中处理率达到 82.7%，城镇生活垃圾无害化处理达到 98%。总投资 21 亿元、日供水 90

万吨的长江引水工程基本建成。全区9个街道已全部通过全国环境优美街道考核。全区共有56个绿色社区、25个省级生态村、45所绿色学校、7家绿色宾馆。2009年全面推进9家企业循环经济试点、15家企业清洁生产审核、2个省级以上开发区生态工业园区建设。关闭35立方小高炉4台，关闭年产40万吨的落后水泥生产线1条，关停小锅炉5台，推进2台35吨的锅炉脱硫改造工程。全区削减化学需氧量2370吨，占年度计划的189.6%；二氧化硫削减881吨，占年度计划的300%，提前3个月超额完成了市政府下达的污染减排任务。

总之，江宁区在江苏省具有特殊的地理区位，是南京市大都市圈的城乡结合部，大城市区内的城市边缘地区，又是南京市区的重要延伸部分。同时，这里的交通区位特别重要，北京至上海的京沪高速铁路穿越江宁区的北部，上海至成都的高速铁路也穿越本区；南京未来最重要的交通枢纽——南京南站布局于此，将会给江宁区一个强大的推动力与辐射力。

虽然江宁区的社会经济发展变化巨大，但回顾历史，在新世纪之交，城乡差距较大，农村建设仍然落后，自然村庄面广、量大，大部分村容陈旧，改造任务艰巨，设施水平低，工农业生产粗放，生活质量不高，生态环境质量水平仍然较低。近年来，特别是自改革开放中期之后，在国家和国务院的“城乡统筹”战略思想指引下，江宁区迈出了新的步伐，付出了艰巨的努力，在城乡一体化及其社会经济各个方面进入了新的跨越，东山新市区、江宁经济技术开发区以及其他重要城镇、全区城乡各地出现了新的面貌。

篇二　高度发展的新背景

一、全球经济一体化的影响

世界经济的核心地区在那些集聚发展的超大城市与中小城市所构成的城市群带内，世界经济的重心是一批具有强大经济辐射力的国际化大都市，大都市带所组成的城市群区已成为全球经济发展的发动机与现代化区域。世界城市群和区域经济开发的浪潮正席卷着亚太地区，特别是亚洲东部沿海的崛起，长江三角洲沪宁杭城市群、珠江三角洲城市群、京津唐地区以及日本、韩国和东南亚地区的区域经济开发，正焕发出非凡的魅力和时代精神。

城市群的强大生命力在于孕育着无数具有经济生长点的大大小小的城镇，那些迅速提升世界市场竞争力的著名城市，都在焕发着时代光芒。例如：美国东北海岸波士顿—纽约—费城—华盛顿等大城市相连的巨大城市群，是世界上首位最具有竞争力的城市群，绵延600多公里，由40多个大中小城市组成。其国土总面积13.8万平方公里，总人口达6 000多万，城市化水平高达90%。其土地面积仅占美国的1.5%，却集中了18%左右的人口，城市制造业总产值占全国的30%，科学技术创新占全美的25%以上。其中纽约城市化地区城乡总人口达2087.6万人（2006年），市区人口1600多万，被称为世界一流的国际性大都市。大纽约地区十分重视城乡规划的工作，构成了城乡一体化的发展模式。还有以东京为核心的日本大东京湾（东海道）城市群，

通过高速的新干线连接京阪神（京都—大阪—神户）和名古屋大都市圈组合成的多核型城市群体，总面积约10万平方公里，占全日本国土面积的26%，居住人口达6 500万，集中了日本一半的人口、工业企业和就业人数的2/3、全国工业产值的3/4、国民收入的2/3，以及全国80%以上的金融、教育、出版、信息和研究开发机构。目前也是世界上最大并具有强大竞争力的巨型城市群。

链 接 1

大纽约地区各县郡（城乡）规划的主要经验

① 深入研究各区县（郡）具有公共利益的目标与规划法则，如市际之间的交通网络、机场，建设用地控制与生态农田的保护；
② 限制对特别的市县（郡）有害于环境的建设项目布点；
③ 突出各地发展优势、分工协作，全地区协调发展。

城市群区域内经济发达、交通便利、物质丰富、文化先进、精神文明，城里人不仅有着现代化的城市生活，而且还能接近大自然风光的陶冶，同时城乡区域的农民也有分享现代城市生活的机会以及改造农村面貌的机遇，真正实现了城乡一体化的高度发展。例如巴黎大区的欧尔芬（市镇），原来基本上是一个乡村地区，共有300多户900多人，随着城乡一体化的实施，现在仅有6户人家从事现代农业，其余的人从事二、三产业，农民富裕了，人均2万美元的收入，农民随时可以进城享

链 接 2

德国慕尼黑都市区城乡一体化典型

现在，慕尼黑郊区是一个比较现代化的城乡一体化典型区，发展历史已有40多年，总共农庄100多个，占地约5 600公顷。这些农庄以农民经营的家庭企业为主，其中大部分是全职式经营的现代农业、都市农业的经营家。政府主持的“绿腰带项目”的成功实施不仅使慕尼黑郊区农村成了集生态、文化休闲旅游、自然环境保护于一体的多功能城市化发展区域，而且为郊区农民提供大量的兼业机会，增加了农民家庭的多样收入，也使郊区农民享受现代城市生活的物质文明、文化艺术的感染以及大自然风光的天然场所。

受。还有德国南部大城市慕尼黑(240 万人)的近远郊区城乡一体化的经验，极为典型地体现了西欧发达国家城里的人随时可以追求乡村静谧生活的梦想、城乡人民水乳交融发展现状，都是值得我们认真学习的。

在我国珠江三角洲有深圳、广州、东莞等城市，在富甲天下的长江三角洲地区，不仅有国际性城市上海，还有南京、苏州、无锡、杭州和宁波等，驰名世界不同等级的各类城市集聚在一起，城乡一体化的新时代已经开始。各种生产力要素、人才、资本、信息汇集在一起，这就是城市群日益发达的强大动力。例如无锡市的尚德太阳能公司，人才辈出，47岁的施正荣使我国的光伏产业与世界水平缩短了 15 年，南方周末的记者称他为“光伏界的比尔·盖茨”。

经济全球化与区域经济一体化的时代，世界市场经济的竞争以城市群为单元迅速展开。近 30 年来，在我国东部沿海形成了京津唐、长江三角洲、珠江三角洲、辽中南与山东半岛等五大城市群区，其国土面积仅占全国的 4.5%，但生产了全国 40%的 GDP 总产值，财政收入也

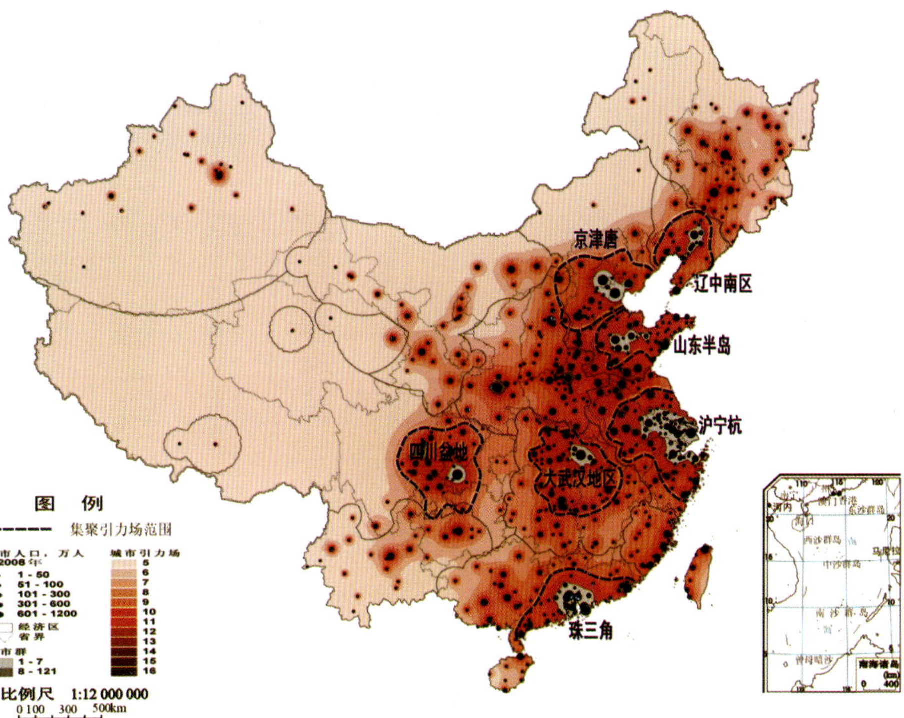

我国城市群最具集聚引力的地区范围

占全国的25%，这些地区都是我国最重要的经济核心区，也是我国现代化建设的前进基地和创新地区。中国经济的发展还需要“世界级城市群”的支撑，以上海为龙头，南京、杭州为重要两翼的长江三角洲城市群正在迈入国际化的行列，如今已发展成为世界第六大城市群，其重要性与历史的作用，仅次于以纽约为中心的美国东北部大西洋沿岸城市群、以东京为中心的日本东海岸的城市群、以伦敦为中心的英国中南部的城市群。长江三角洲城市群正孕育着众多朝阳四射的大大小小的城镇以及生气勃勃的开发区。江宁区位于长江南岸的南京核心发展地

长江三角洲地区空间网络结构主体

带，有几千年悠久的文明史，也是北纬30度上下得天独厚的江南平原区，气候温和，雨热同季，空气湿润，土地沃腴，在地理环境中形成了一

个不可复制的适宜人类居住的优良生态圈。当今国际化的热潮中，江宁区深受国际潮流的影响，依托南京城，充分利用自己的优越区位，不断与国际市场接轨，并日益走上国际化。

二、国外城乡协调发展的经验教训

1. 美国的农业现代化过程与策略

美国是工业发展比较早的国家，也是在解决二元经济及城乡统筹问题上比较成功的国家。美国始终重视强化农业作为第一产业的地位，并通过种种措施由政府直接进行扶持。概括起来，美国的经验有四个：

第一，工业反哺农业，稳定和提高农民收入。经历大危机后，美国开始较大规模实施工业反哺农业的政策。主要实行农产品价格补贴和农业生产休耕补贴，提供农产品储存信贷和农业生产信贷，鼓励农产品出口，奖励小农场合并，补助退出农业的农场主和农业现代化，救济穷人，保护农业资源。美国一直采取保护性收购政策和目标价格支持相结合的做法来稳定和提高农民收入。1933 年《农业调整法》提出支持价格政策，1973 年出台目标价格，1996 年依据《联邦农业完善与改革法》对价格与收入支持政策进行调整，政策的重点始终是调控农产品市场价格，稳定和提高农民收入。近年来，美国农民还通过所谓生产灵活性合同和反周期补贴等形式，获得政府的直接收入支付和农产品补贴；政府通过各种政策性倾斜，如对农民购买大型农业机械实行优惠贷款与补助等，扶持农业产业部门。

第二，城市(镇)化。美国形成了城市数量多、集聚度高、大中小城市(镇)相互配合的城镇体系；城市主导产业突出，重视乡村经济，建立了现代化、专业化的大型农场，商品生产率很高，把产业作为支撑城镇发展的基础。重视农村基础设施建设，良好的农村基础设施建设，加强了城镇间、城市间的联系，加快了商品的流通，扩大了城乡居民的消费，有利于形成全国统一的市场。

第三，制定专门法律和成立相关组织机构。国家的区域政策和促进城乡统筹发展的措施必须有法律作为保障，相应的有专门组织管理机构执行，保证战略计划的有效实现。

第四，建立完善的农业合作组织。美国的农业合作经济组织类型主要包括农业合作社和农工商综合体，如农业合作社中的销售与加工合作社、服务性合作社、信贷合作社等，农工商综合体中的生产综合体、产前综合体、销售综合体和国际贸易综合体等，这些农业合作组织维护农民的经济利益，成为城乡统筹发展的有力组织载体。

2. 日本现代化农业的鼓励政策

日本在历史上一度城乡差距比较大，但日本采取一系列统筹城乡发展措施后，1972 年城乡居民的收入水平就基本持平，1998 年日本农村就业人口的比重下降到占总人口的 5.2%，大量农村劳动力转移到太平洋沿岸城市带。其基本经验和做法有：

第一，根据实际情况制定促进农村发展和提升人力资本的措施。日本在 19 世纪 60 年代末到 80 年代初的工业化阶段，直接照搬西方的农业生产技术和经营方式，但由于不能和本国国情有效统合，最后以失败告终（马约生，2002）。从 19 世纪 80 年代起，日本探索适合本国农业发展的道路，开始重视本国传统农业的经营方法和经验，创造出一系列适合国情的生产方法和技术，并采取农业生产经验的推广、建立试验场等措施促进农业和农村的发展。此外，政府加大对职业教育的投入力度，日本的“产学合作”培训制度收到了很好的效果。

第二，通过国土开发计划等综合手段推动城乡协调发展。日本注重通过均衡发展计划以协调城乡发展，1962 年制订了第一次全国综合开发计划。1977 年实行第三次全国综合开发计划，提出进一步调整工业布局，大力发展中小城市，开发落后地区，解决工业及人口过密和过疏的矛盾。为了推动落后山区和人口稀疏地区的经济发展，日本出台了《落后地区工业开发优惠法》和《离岛振兴法》等法律和政策。为了鼓励和引导工商产业向农村地区转移，日本先后推出了《向农村地区引入工业促进法》和《新事业创新促进法》等措施。为了保护城乡环境，日本颁布了《防止农田污染法》、《自然环境保护法》等法律。

第三，增加对农村的财政投入。为解决农业发展资金不足的问题。日本早在1930年就建立了补助金农政。在1967—1979年第二次新农村建设期间，日本政府加大了补助金农政的实施力度，国家规划3100个市町村推进农村基本建设和经营现代化建设，每个市町村除政府补贴9000万日元外，还有国家农业金融机构贷款2000万日元。近几年，日本政府每年对农村基础设施的投入都在11000亿日元左右。

第四，以提高农民收入为目标进行城乡统筹。日本造村运动中最具知名度的就是1979年开始的“一村一品”运动。它要求一个地方根据自身的条件和优势，发展一种或几种有特色的、在一定的销售半径内名列前茅的拳头产品。由于这些产品实行了错位竞争战略，从而大大提高了各村的竞争优势，促进了农村的持续发展。此外，政府鼓励农民发展农业以外的经济，增加农业外的兼业收入。1995年，东京市农民的收入中，来自非农收入已达92.3%。

3. 韩国农业工业化道路的经验

韩国是后发展国家实施工业化较为成功的典范。在推进国家工业化过程中，同样有过国民经济高速增长，但工农、城乡发展严重失调的问题。为此，韩国政府于1970年启动了“新村运动”，走出了由政府主导的、扩散型的农业工业化道路，制定了许多政策措施促进农村工业化的发展。其经验主要有以下几条：

第一，发挥政府主导作用，但又不干预农民的主动性。如1991年底，韩国政府制定的一项为期10年的“农业与渔业结构调整计划”，1993年2月新政府的“新农业计划”，1994年的“农业与渔业开发计划”等一系列惠民政策。

第二，通过各种手段支持农村工业化和农业现代化。实行农村工厂计划，由政府提供乡镇企业发展的基础条件，如完善农村基础建设、建立公用设施等；政府对传统农村生产性企业给予资金贷款和税收上的优惠

政策，大力扶持农业现代化；实施农村工业区计划，目的在于推进农村工厂规模化，将农村工业区建在农村人口密集区，避免把工厂扩散到广大农村地区，使农村的非农产业集中发展，从而实现农村工厂的外部规模经济，推动城乡均衡发展。

第三，确定不同时期的工作重点。新村运动初期，政府把工作重点放在改善生活条件上。到中后期，政府加大了对农村卫生医疗、社会保障、农村教育、农业技术培训和信息提供等一系列农村公共服务的供给，大大改变了韩国农村的面貌。

第四，通过大力发展职业教育和培训，促进新技术的应用和推广。韩国“新村运动”通过建立村民会馆、培养新村领袖和成立各种村民组织等方式，充分提高全国村民的思想意识和参与能力。教育与培训内容包括地区开发、意识改革、领导培养、技术推广等，形成有特色的4H教育、农渔民后继者教育和专业农民教育三个层次的农民教育体系，不断提高农民素质，成为农村发展的原动力。韩国政府在“新村运动”中的角色是安排者，其职能是规划引导、组织发动、管理协调，而不是唯一的公共服务供给者。

4. 巴西城乡统筹失败的教训

巴西的国内收入差距非常大，20世纪70—80年代，巴西的基尼系数分别为0.60和0.57。目前占全国10%的最穷者占国民收入的1%，而10%的最富者占国民收入的46.7%。由于社会经济发展基础不强，巴西未能实现统筹城乡发展，主要原因有：

第一，工业化和城市化没有协调发展，未能实现城乡统筹就业。1950—1980年的30年间，巴西的城市化水平从36.2%上升到67.6%，而同样的城市化水平增幅，发达国家大约用了50年才实现，巴西出现了过度城市化现象。其间，发达国家的人均国民生产总值增加了2.5倍，而巴西只增加了60%。由于工业化速度低于城市化速度，造成大量农村剩余劳动力涌进城市后找不到工作，从而形成了一种将农村剩余劳动力转变为城市剩余劳动力的空间转移形式。1998年以来，巴西的失业率保持在两位数以上。

第二，土地过于集中，影响社会稳定。巴西在现代化进程中忽视了土地改革，土地过于集中，造成了社会不公和经济发展失衡的双重危机（刘婷，2006）。2003 年巴西土地占有面积低于 10 公顷的农户占全部农户的 31.6%，仅占全部土地的 1.8%，而面积超过 2 000 公顷的农户只占农户总数的 0.8%，占全部土地的比例高达 34.6%。近年来，无地农民组织的抗议活动频繁，有时甚至有过激行为，严重影响了巴西社会治安。

第三，低收入人群的权益被忽视。巴西城市化的特点是大城市化，农村人口集中进入大都市，现在巴西超过 50%的人口居住在 10 万以上人口的城市中。巴西城乡统筹中的突出问题是在城市中形成了大量贫民窟，这些贫民游离于社区和正常社会管理之外，影响社会安定。80%贫民的人均收入在最低工资标准以下，他们很难在城市获得建房用地和住房，又不能退回农村。城市规划、建房用地、基础设施、社区发展没有考虑低收入人群的要求，贫民窟里的居民生活惨淡。

三、我国宏观发展政策的重大转变

新科技革命正影响着全球产业分工格局，推动着城乡经济、社会的转型，随着信息的发展，各种社会经济要素可以摆脱距离的约束，按照其内在的需要在更为广大的范围内进行合理的流动和资源配置。发达国家一些大都市地区（例如大纽约、大东京地区），城市化高度发展后特别注重地区的协调发展与城乡规划的理念。在信息社会里，城乡发展与城市职能的高低越来越取决于其在信息网络节点中所处的区位，城市竞争力的大小越来越取决于其城乡占有、处理与支配信息的能力，以及能综合性、系统性处理这些要素的政府管理的艺术。新科技革命与信息化社会的来临影响着国家宏观发展政策的重大转变。

国外提出地区协调发展，我国则提出城乡协调发展。

城乡统筹的概念在 2002 年党的十六大上首先出现："统筹城乡经济社会发展，建设现代农业，发展农村经济，增加农民收入，是全面建设小康社会的重大任务"。而明确提出城乡统筹的概念是在中共中央十六届

三中全会的“五个统筹”之中，主要是针对解决‘三农’问题而提出的。在城乡统筹概念提出的初期，主要强调的是对农村的“反哺”，包括“工业反哺农业，城市支持农村”。而后来城乡统筹概念的发展，关键在于提出提高农业的现代化水平，促进城乡一体化的高标准发展，加快我国社会主义新农村的建设。

党的十七大报告中提出，到2020年，初步建立城乡一体化制度框架，促进大小城市以及小城镇的协调发展，城乡一体化发展将成为中国城镇化的主流方向。《城乡规划法》的出台和社会主义新农村建设的创新，进一步要求高度重视城乡统筹发展的关键问题，工业化、城镇化逐步带动农村现代化的实现。中央每年的一号文件都是为我国现代化农业的发展而制定的，中央文件精神都是特别强调城乡统筹的有关战略战术问题。2010年中央一号文件指出：“协调推进工业化、城镇化和农业现代化，努力形成城乡经济社会发展一体化新格局”。这是针对新特征和解决“三农”问题的要求做出的战略决策，也是新的发展阶段用统筹城乡发展新理念解决“三农”问题、实现城乡共同繁荣的“金钥匙”。文件精神要求我国各地实施以工促农、以城带乡、城乡一体、整体推进的城乡统筹策略，城乡关系正在发生根本性的变化，现有的城镇空间和乡村空间面临着功能转变与产业转型。温州模式、昆山之路、东莞经验以及成都温江区城乡协作的方向等等，都表明这些地区是国内城乡繁荣发展的朝阳。地缘区位、领导艺术和行政的纽带往往成为一个地区腾飞的重要条件。南京市江宁区自改革开放后一直沿着这一方向胜利前进！

中央关于“城乡统筹”、“城乡一体化”等重大决策，对于我国各地社会经济发展，实现工业化、城镇化、现代化具有重要的指导作用，特别是对我国农业现代化将起到关键性的作用。

我国是一个具有几千年以农立国传统的农业大国，同时又是一个农村人口占大多数的人口大国。如果不加速推进新型工业化、工业现代化，国家经济实力不增强，要解决“三农”问题是根本不可能的，更没有实力支持农村的基础设施建设，社会保障水平和传统农业改造也很难实现。城乡统筹，实现农业现代化，首先要加快发展现代农业生产力和提高农民收入，充分发挥新型工业化的带动与支撑作用。

以城镇化带动和推动新农村建设，不仅是我国当前应对国际金融危机的一个着力点，而且是我国保持经济平稳较快发展的持久动力和特有优势。为此，应按照城乡统筹的发展计划，从基础设施、产业建设、公共服务、社会管理和就业要求各方面，协调推进城乡改革，加快完善城乡互动、协调发展的体制机制，积极引导社会资源与文化科技力量投向农业、农村，鼓励各种社会力量参与农村发展和公共基础设施建设，逐步提高农村现代化水平。只有加快城镇化、工业化以及提高农业现代化水平，才能逐步消除我国城乡二元结构，实现新农村的建设目标，提高农民生活水准，真正实现城乡一体化和城乡共同繁荣的远大目标。

链 接 3

温州等地的城乡发展之路值得借鉴

二三十年前，温州人因人均三分田而被迫外出闯荡经营，进而回乡“兴办一个流通市场，引发一片家庭工厂”，最终形成成千上万个腰缠万贯不断往来温州、外地、国外的温州人，形成成百上千从头开始却欣欣向荣的温州企业，打造出成千上亿个飘向四方的嵌有温州品牌的温州产品。珠三角的深圳、东莞及随后长三角的昆山抓住香港、台湾地区资本外溢的机会，兴办来料加工或类似来料加工的乡镇企业，迅速成为港台资本乃至国际资本的生产车间而带动各项产业的繁荣，从而走向城乡协调发展、农村城市化的新路。发展成功的地区所抓住的先机并非是只垂青于此地的机会与便利（区位），更重要的是领导人的英明决策、引导与敢于创新创业的精神。

四、我国城乡统筹的理论与实践

在经济发达的长江三角洲地区，今后一个时期城市发展应加强分类指导，因地制宜，城乡结合，全面推进，从城市规模效益和生态效益出发，对大城市应区别对待，市区非农业人口超过200万以上的，应严格控制人口规模的膨胀，当然不是所有200万人口以上的特大城市，都不让其合理发展，如上海的浦东以及天津、大连、南京、重庆等城市还可以有控制地完善与发展，像北京、广州、兰州、沈阳、武汉、西安、成都这些历史文

化名城，环境弱化、淡水资源和地下水资源短缺、市内交通十分拥塞，还是应当严格控制其人口、用地的不断膨胀。人口稠密、城镇密集的发达地区如不重视“城乡统筹”这一长远性的战略规划，都会出现以上这些严重的区域性问题，特别是交通阻塞、生态环境恶化的城市问题，各类城市应当注意。市区人口 200 万以下的省会城市，以及一些用水、用地潜力较大的重要港口城市、交通枢纽城市，应允许其在完善基础设施和提高环境质量的基础上适当增加一些城市人口，使其充分发挥中心城市的作用。市区非农业人口 50 万左右的中等城市，人口规模扩张速度要快一些，以便进一步发挥区域经济中心的辐射作用。长江三角洲发达地区特别是靠近上海的杭州、苏州的市域中，小城市和小城镇在有条件、有实力的基础上发展步伐可以加快一些，充分发挥其城市规模经济的作用和城乡经济文化联系纽带的作用。引导我国城市合理、协调地向前发展，特别应强调城市化发展的质量，在城市化快速提高的同时大力改善农村的生态环境，推动我国城市化、现代化、城乡一体化的更高层次的新发展。

总结国内外的经验教训，我国必须把城乡统筹作为推动工业化和城镇化的一项战略任务，全面系统地加以科学规划与实施。一个长远性的战略任务是：①大中小城市发展的城乡规划应相互配套，选择多元化的发展模式。目前我国沿海许多大中城市成为产业、人口、财力、信息、物流的集散地，城市规模还在扩大，但到了一定合理规模后，应着重在政府的宏观调控方面限制城市盲目发展，应按照科学发展观的指导原则调整规划。对于小城镇、建制镇也应当有选择地重点发展，特别注意用地规划的集约发展，居民点不宜占地过多。②有步骤地合理地转移农村劳动力，将城镇用地的合理开发和农民权益保障问题相结合。温家宝总理多次强调要大力解决我国的“三农”问题，这也是我国农业现代化最大的难点，应减轻农民负担，增加农村建设投入，加快农业现代化和农村人口城市化的步伐。这是我国城市化稳定、健康发展的根本。③以城乡一体化为导向，逐步克服我国城乡经济二元结构的落后现象，发展农村经济，调整产业结构，增加农民收入，提高农民的文化水平，带动农村地区的现代化，高度发展生产力。长江三角洲地区基本上做到了“以城带乡、以乡促城”的新局面，走可持续发展的道路，实现工业化、城市化、生态化协调发展的战略。

从国内外城乡建设的实践经验分析，我国城乡统筹建设的新思维，应当鼎力做到：①强化中心城市的功能与作用，带动农村地区社会经济的全面发展；②建设完善发达的交通运输体系，密切城乡人民横向、纵向的各种联系；③依托乡村广阔的区域空间，合理利用资源与合理配置生产力；④促进大中小城市与农村地区的协调发展，实现城乡一体化的远大目标；⑤高度重视城乡地区的生态环境建设与社会安全，构建完美、健康的现代化和谐社会。

总之，剖析我国经济发达的长江三角洲的城乡问题，从区域空间的人口、资源、环境的视角探讨我国的城乡统筹规划的战略思路，以点带面，认真地研究我国各地的具体条件与特征（国情、省情），持续、稳定地走一条以集中型城市化为主（规划建设城市群或城镇密集地带）、以分散型城市化为辅的"城乡一体化"高质量的中国城市化道路。在20世纪90年代后期，南京大都市区开始向江宁地区推进，特别是涉及"城乡统筹"根本的近远郊区的城市化问题成为发展的关键。吴良镛院士指出：积极探索如何推动区域统筹管理、兼顾多方利益，谋求种种棘手问题的妥善解决，是国内外城市地区发展的经验和趋势。

五、国内比较成功的城乡统筹例证

我国是发展中的大国，也是传统的农业大国，农民占全国总人口的60%左右，不同区域经济、社会、自然禀赋状况决定了不同区域、不同经济主体的收入状况。城乡居民收入存在较大的差别，区域之间的居民收入也存在差别。是通过政府补贴、直接收入支付的方式提高农民的收入，还是以转移农村劳动力，促进农村二、三产业发展，推进工业化、城镇化发展为政府行为重点，抑或是推进农业现代化，以提高农业劳动生产率为政策取向，不同的选择会有不同的效果。因此，要以多样化的不同政策满足不同区域多样化的需求，从而推动城乡、区域之间的平衡发展，逐步缩小城乡差异。目前我国城乡统筹发展较好的主要有以下几种模式：

1. 值得人们思考的成都模式

成都城乡统筹模式的基本内容可以概括为：政府主导、集中发展、城乡统筹、系统推进、公众受益。

第一，政府职能转变是成都市推进城乡一体化的核心动力。政府主导是成都模式的起点，也是成都城乡一体化成功推进的核心动力。政府主导在成都城乡一体化的发展中主要表现为对城乡一体化发展进行全面规划，建立城乡融通的管理体制和为农村地区提供全面的公共服务。在城乡一体化发展的具体过程中，则充分尊重市场规律，运用市场机制，给民间企业大量的发展空间。

第二，充分利用市场力量，推进“三个集中”，谋求规模化发展是成都模式的实践路线。科学的实践路线是指引成都城乡一体化发展的重要条件。产业向集中发展区集中，土地向规模经营集中，农民向城镇集中，构成了推进城乡一体化实践路线。可见，“三个集中”是成都落实科学发展观、谋求集约、节约发展的科学探索。“三个集中”避免沿海地区走过的弯路，体现了西部地区的后发优势。

第三，城乡统筹、全方位推进，构建城乡一体化发展的支持系统是成都模式的具体手段。成都城乡一体化发展最具有进步性的表现是没有停留在口号上，而是通过一系列统筹城乡发展的规划和政策体系，具体落实到城乡发展的各个过程之中。成都构建城乡一体化发展的支持系统是全方位的，包括五大子系统：以城镇体系规划为基础的空间支持系统；以新型公共财政制度为支撑的大幅度增加城市对农村反哺投入的财政转移支付系统；以打破城乡分割、建立全市统一劳动力市场为依托的失地农民培训、就业、居住与保障支持系统；以公共服务均等化为基本原则的乡村医疗卫生、义务教育、文化事业和社会保障支持系统；以改善农村生产条件和人居环境为目标的农村三大重点工程建设（农村基础设施建设工程、农村发展环境建设工程和农村扶贫开发工程）支持系统。

第四，广大公众受益其中，提高全市人民福祉是成都模式的最终目标。乡村居民受益主要体现为三个方面：第一，产业集中发展和土地规模经营大幅度增加了非农产业就业机会，提高了土地市场率，最终大幅度提高了农村居民的收入水平；第二，在农村建立了近乎全面的、相对公平的公共服务体系，绝大部分落实到位；第三，1991—2003年累计多达48万失地农民在城乡一体化发展过程中逐步解决就业、居住和社会保障问题，真正纳入城市运行轨道，转变为城市居民。成都城市居民同样在城乡一体化的发展中得到实惠。最主要的体现在两个方面：第一，郊区十大森林公园得到快速健康发展，为热爱生活、热爱休闲的成都市民假期休闲提供了广泛的空间，大大提高了成都城市居民闲暇时间的生活质量。第二，初步构建了城乡同发展、共繁荣的局面，大幅度减少了来自农村社会矛盾和冲突，为成都构建和谐社会提供了必要的条件。

2. 具有较强经济实力的苏南模式

"苏南模式"的特点是农民依靠自己的力量发展乡镇企业，由政府主导其发展，农村既是区域发展的基础，又完全能够以自身的能动发展成为区域发展的动力，并通过向城镇渗透、展延，为城市发展提供资源、市场、劳动力，以实现城乡互补、互助，直到城乡一体化，苏南所具有的区位优势得到了充分利用。全国百强县，每年排名前10名的有苏南7个县(市)、即：江阴、昆山、张家港、常熟、吴江、太仓、宜兴。

苏州、无锡、常州地区依靠乡村工业和集体经济，使农村的改革与发展先于、快于、好于城市，形成了又一轮所谓"农村包围城市"的态势，从而促进城市乃至整个区域的发展。当城市和城镇逐步发展起来之后，又在更高的层次、更高的水平之上，向乡村发挥辐射功能，形成城乡协调、共同发展的新格局，这就是苏南城乡社区建设呈现出的一体化趋势和特色。虽然，苏南地区生态环境有些恶化，水质污染也成问题，但城镇经济、农村经济发展很快，农民受益良多。具体表现为：①小城镇是农业产业化并且是二、三产业发展的载体；②农村城镇化能从根本上解决城乡居民收入不平衡问题，从本质上改变二元经济结构，实现城乡经济的良性循环；③农村城镇化是扩大内需和市场、刺激经济增长最直接、最有效的手段，同时能节约土地资源，保护环境，实现可持续发展。

3．得到党中央领导重视的嘉兴模式

浙江嘉兴市在加快工业化和城市化的同时，把统筹城乡发展、推进城乡一体化摆上突出位置，全力抓好城乡空间、基础设施、产业发展、劳动就业与社会保障、社会发展、生态环境建设和保护等6个一体化，取得了阶段性成效。在全国十届人大三次会议期间，胡锦涛总书记认真听取了嘉兴城乡一体化工作汇报，并做了重要指示。嘉兴模式的经验有：

第一，以规划为龙头，加大整合资源力度。规划是龙头、是方向。着眼全市3915平方公里，组织编制《嘉兴市域总体规划》，把广大农村纳入到规划范围，把城市基础设施延伸到农村，把社会服务设施配套到农村，统一规划城乡布局。

第二，以交通建设为重点，完善基础设施。基础设施一体化是统筹城乡发展的前提。近年来，他们把交通设施建设作为统筹城乡发展的切入点，着力构筑内外衔接、城乡对接、方便快捷的现代化交通网络。从各乡镇出发15分钟内能上高速公路，从市中心出发30分钟内能到县（市）镇、60分钟内到沪杭苏等周边大城市，浙北交通枢纽的地位初步确立。

第三，以教育培训为抓手，有效转移农民。提高农民、转移农民，既是“三农”工作的核心，也是促进农业增效、农民增收的重要举措。他们统筹城乡就业服务，形成了市、县、乡、村四级人力资源市场网络，有效推进了农民转岗转业。

第四，以制度创新为重点，提高保障水平。着眼“病有所医”，探索建立新型城乡居民合作医疗保险制度。着眼“老有所养”，在做好城镇职工和农村养老保险工作的同时，完善被征地农民的养老保障办法，全面实施被征地农民基本生活保障制度。

第五，以阵地建设为载体，构建公共服务平台。确保每个村都有文化活动中心，构筑城乡一体的群众文化体系。建设高中园区，基本形成了小学向乡镇所在地和中心村集中、初中向中心镇集中、高中向县城集中的中小学布局，学前教育、义务教育领先全省，成为全省第一个教育强县“满堂红”地市。大力发展城乡社区卫生服务，全市社区卫生服务中心和社区卫生服务站覆盖率分别达到98.61%和73.52%。

第六，以“两分两换”为手段，大力推进新社区和新市镇建设。全面实施“百村示范、千村整治”工程，已建成省级全面小康示范村 31 个，市级整治村 282 个。全面启动农村生活垃圾集中收集处理。加强农村宅基地管理，积极引导农民弃宅进城入镇、向中心村集中及有序转让宅基地，有效优化了农民住宅布局，集约利用土地资源。

六、南京大都市圈的重大推进

《南京城市总体规划(1991—2010)》修编大胆创新，在继承 1982 年国务院批准的南京城市总体规划提出的圈层式城镇群体发展格局构想的基础上，首次提出了“南京都市圈”的概念，借鉴国外大城市发展的成功经验，以区域协调发展的视野，跳出老城和主城，在南京大都市圈的范围内，思考解决南京城的保护(控制)与发展的问题。总体规划分为规划区、都市圈与主城三个空间层次。其中，以主城为核心的都市圈是规划重点，规划构筑形成“以长江为依托，以主城为核心，以主城及外围城镇为主体，重在提高环境质量，保护古都特色，同时加快外围城镇发展，将城市建设的重点向外围城镇转移。

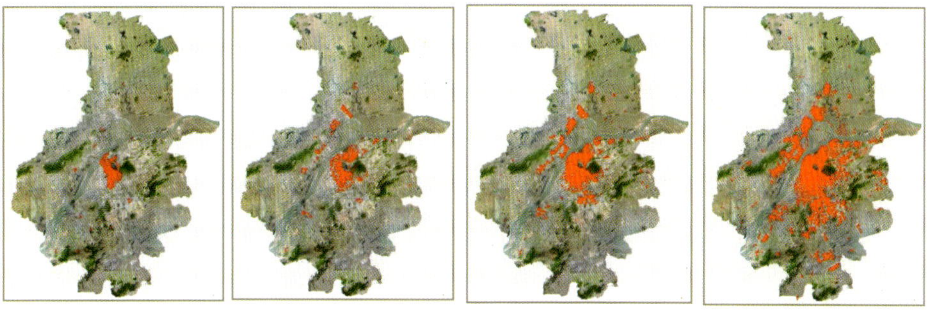

1978 年　　1990 年　　2000 年　　2005 年

南京市区建成区空间扩展图

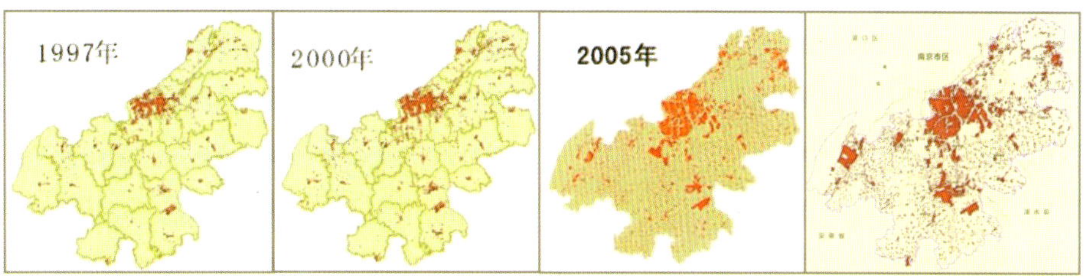

江宁建成区扩展图(1997—2008 年)

在南京大都市的扩展过程中，江宁区承接了南京向南发展的主流，但南京的推进仅仅是向东山镇的推进，还未向广大的乡村扩展，城乡一体化仅仅是规划的决策、规划的研究。

江宁人在改革开放的中期，站在新时代的高度，聆听党中央的声音，坚持以经济建设为中心，统筹城乡发展、统筹经济社会发展、统筹人与自然和谐发展，走可持续发展之路。

1984—1990 年，江宁一些乡镇企业发展起来，有了些资金支持城镇建设，使江宁城镇发展有了一定的基础。1992 年开始，江宁依托工业园区推动城市发展，行政区划进行了 10 次调整，逐步完成从传统县域空间发展阶段到园区发展模式起步阶段的转变，再从园区发展模式向城市化区域转变阶段的转变，村镇的建制地逐步完成从乡镇再到街道的转变。到 2007 年底，江宁区完成城镇设立街道的过程，全区形成 9 个街道办(重点小城镇)，基本对应“一核三元多点”的布局结构，所规划的三个新城，城市功能组团发展迅速，使一些农村地区变为城乡一体化地区。

南京大都市圈与江宁城乡统筹发展的相互关系，大体经历了三个时段：

第一时段，1990 年前后。南京市的发展主要集中在明城墙围绕的中心城区，当时建成区面积仅有 78 平方公里，处于绝对的集聚发展与城区完善的初期发展阶段。南京城区刚刚向跨江两岸发展，特别是浦口、大厂镇、泰山新村都在力争与市区接轨，尽快拉动发展。上述这些重镇均有南京的大中型工业项目，镇区人口规模也在 15—20 万人，初具中小城市规模。当时的江宁县处于比较封闭的自然积累、经济增长缓慢阶段，江宁县城东山镇的户籍人口也只有 4.6 万人，流动人口甚少，城区不到 5 平方公里，整个江宁县的工业生产水平很低，乡镇工业不发达，靠近南京市区的江宁区北部地区与南部地区主要承担了南京郊区郊县蔬菜与农副产品的生产供应功能。

第二时段，1992—2000 年。南京市开始出现了中心城区向外扩散的趋势，一方面主城开始“退二进三”，外迁的工业项目推动了一批外围城镇的发展；另一方面大力鼓励外向型经济发展，掀起了开发区建设与房地产业发展的热潮。这一时期成立了江宁经济技术开发区(1994 年),抓住国家进一步加大对外开放力度和南京一些大中型企业(南汽、763 等)向外扩散迁址的机遇,有了江宁的开发园区为载体支撑,南京开放型经济迅猛发展。1994 年江宁的东山县城仅有 7.6 万人,不到 8 平方公里的建成区,但到了 2000 年初,江宁东山(镇)已经是与南京对接的中等城市的人口规模了,当时城区人口达 28 万多,暂住人口也有 6.8 万,建成区面积扩大到 30 平方公里,还有江宁开发园区在建的 20 多平方公里。

第三时段,近 10 年。南京市在开始扩展中心城区的发展空间,提出构建“以长江为主轴,以主城为核心,结构多元,间隔分布,多中心、开敞式的都市发展区空间格局”,确定了东山、仙林和江北三个副城,其中东山镇发展得最快最为完善。江宁被撤县设区和建设东山为南京副城的战略表明,江宁是南京城市功能的最重要组成区域,东山副城将成为南京大都市圈的第二、第三产业的重要集中区,对于南京市区向南推进,江宁区起到重大作用。2010 年江宁区的总人口有 93 万人,全区还有暂住人口高达 48 万人,江宁区的东山副城已有人口 42 万人(含在东山打工的暂住人口约 16 万人)、建成区 65 平方公里。东山副城实际上包括东山、上坊、岔路口、开发区、百家湖 5 个派出所的人口,尚未包括大学城的暂住人口。近 6 年来,江宁区城镇人口增加较快,特别是东山城区和开发区以及百家湖周围,从 2004 年人口不到 10 万人的建成区,现在已经增加到 60 万人左右。南京市的南片江宁区部分已经是一个有相当规模的迈向现代化的中等都市了。

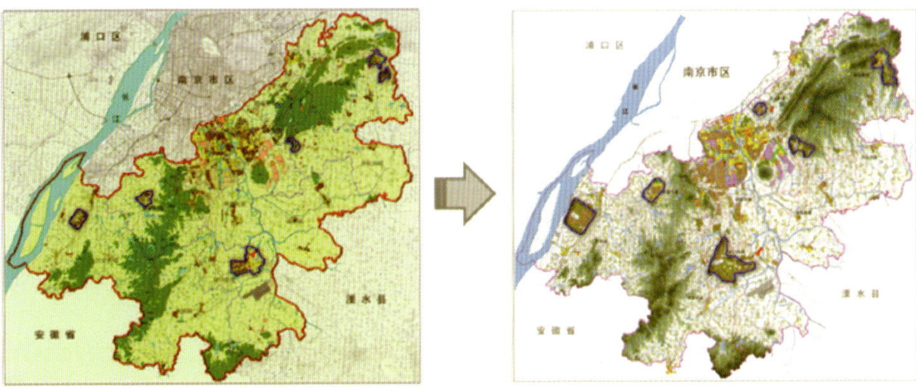

2004 年　　2008 年

2004—2008 年江宁区建设现状对比图

可见，江宁在经济开发的初期、中期均遇到了种种矛盾，经济技术开发与城镇建设极其缓慢。在体制改革刚刚起步的时代，地方政府好像是一个背负着沉重包袱却又手无寸铁的“战士”，等待他的是充满险恶的战场，除了勇往直前，没有任何选择。在自上而下的体制改革滞后于现实要求的情况下，基层的制度创新是唯一的自救之路。自下而上突破体制的瓶颈，成为用于开拓的地方政府自我松绑的背水一战。江宁开发模式的转型，正是这样一个包含了一次次体制创新的自我松绑的过程。

七、改变江宁区提升城市化的重要举措

在上世纪90年代初期，江宁人创建了第一个开发区之后，就大胆突破了传统开发区的定义，将开发区目标设定为“现代化的新城区”，即后来称之为南京大都市圈的“三个副城”之一。在此后的开发过程中，没有把开发导向停留在一个模糊的概念上，随着开发区的转型，南京市的现代化新城区的含义变得越来越丰富和清晰。

江宁开发区经过5年多的实践，全区的面貌发生着两个重要转变，即由简单的基础设施开发向建设多功能新城区的转变；由原来单一的乡镇发展转向城乡一体化，建设新市镇、新社区、新农村的多层面的综合发展。面对日趋复杂的开发进程，江宁人的创新热情被再一次激活了。

江宁人在十多年前就将开发区理解为“城市化的重要载体”，提出了“一城三片，三区联动”的发展思路。“一城三片”即功能互补、相互依托的老城区、县开发区和岔路片；“三片联动”就是县开发区、民营科技园和牛首山风景区形成互为呼应的有机开发整体。

江宁经济技术开发区建立后，将近18年来，东山镇城区与开发区沐浴着党的阳光，很快成长起来，初期引进项目时就有南京大型企业迁入，后搞了百家湖的房地产业，加上南京禄口国际机场的建设，整个江宁区北部的规划建设呈现出一片生机勃勃的新气象。

江宁区抓住了开发区工业化、城镇化的历史机遇。从1998年到2008年的10年间，一个昔日的小县城已演变成为初具规模的高科技花园新城，园区经济带动了乡镇的发展，开发区也带动了农村经济的长足

发展。东山副城建成区面积由8平方公里扩展到86平方公里的规划区(2010年实际建成区仅有65平方公里),一个以农业为主体的农业县迅速演变为城镇人口占70%的城乡一体化的城镇为主导的经济区域。

江宁区充分利用依托南京城区与禄口国际机场的优越区位,在招商引资效果与开发区基础设施建设方面超越了江北地区的那些高新技术开发区。目前,世界500强企业,已有40家左右在江宁这里落户投资。这里的开发区一开始就杜绝有环境污染的项目进入,把江宁开发区真正建设成为,南京轻型工业、现代第三产业、高新技术产业与新型的大学城等人居环境优越具有特色的综合发展潜力的新园区,成为南京的后花园。

目前江宁区的经济技术开发区与东山城区已经建成65平方公里(规划建设的框架为104平方公里),建成区居住人口有45万人,暂住人口(农民工)还有21万多人。

江宁的快速城镇化及其工业区、文教区的不断扩展,并没有以牺牲农民利益为代价,相反,江宁把城镇化看作是支持与帮助农民改善其居住条件和增加农民收入的大好契机,也是改变几千年来农民那种不文明的传统落后的生活方式,促使农民逐步向现代化社会生活迈进!在21世纪新世纪发展初期,江宁区委、区政府就为农民提出了四项保障措施,即"安居房、创业钱、就业路、保险带",确保在城镇化、工业化地区失地的农民无后顾之忧,收入倍增。不少农民逐步由居住在农村转入到新城镇里来,农民的非农化过程又大大提升了江宁区的城市化过程。全区农民的平均收入由2000年的3500元增加到2010年的1.15万元左右,居南京市各区县第一。

江宁区的历史发展进程是以开发区为龙头,东山(镇)行政管理为核心,规划走在前面,建设一步步跟上,实现了快速推进城镇化,逐步转向城乡一体化。2006年以来以内涵为主,提高城镇化质量,提升城市化的比重,打通多条主干道,建设了地铁线路,2010年5月地铁一号线已通车至江宁区,使江宁区融入了南京主城区。地铁线路长约20多公里至中国药科大学,江宁成为提升南京市区城市化的关键性区域。

现有的江宁开发区属于稳效型、创新型、就业型、税收型和生态型的城乡统筹发展优化综合开发区，在大都市郊区县区一级的开发区中已经是全国先进开发区之一。

江宁凤凰台：魅力园区（摄影者：钟平）

特色产业链（摄影者：福宣）

空港工业园（摄影者：李怀骐）

将军大道(摄影者:宋歌)

村村通巴士(摄影者:张全宁)

篇三　城乡统筹的新战略

改革开放之初，我国沿海的深圳、厦门、汕头、珠海四大经济特区刚刚成立，各地的经济技术开发还处于迷茫之中，党和国家多次英明决策，加快转变，引进外资，逐步实行社会主义的市场经济体制，促使我国广东、福建等地掀起了经济技术开发的第一个春潮。而此时，上海、江苏等许多沿海地区的发展还是按照传统方式进行着，迈着社会主义计划经济的步子缓慢前移。然而，在苏南地区，以集体经营方式为主的乡镇企业发展却如雨后春笋般蓬勃发展。

1985 年秋，江苏的昆山向广东学习，他们自力更生，自筹资金创办了昆山开发区。此时江宁感受到了苏南乡镇企业的冲击波，但对如何发展自己的乡镇工业，创办更高一级的工业开发区还是一筹莫展。

1992 年 8 月，凭借着靠近上海的区位优势，昆山开发区已初具规模，并报经国务院批准升级为国家级的经济技术开发区。这一年，江宁人终于像 1985 年时的昆山人一样大梦初醒，赶上了开发区规划建设的末班车，竖起了江宁开发区的牌子，但是，当时的城乡统筹工作尚未开创，仍处于朦胧之中。

经过十多年的奋斗，昆山开发区已成为国内一颗耀眼夺目的开发区之星，跻身于国内最成功的开发区之列。而地处南京市郊的江宁开发区的发展却还扑朔迷离，陷入了资金短缺的时刻。开发区的项目稀稀拉拉，土地平整的局面冷冷清清，开发区“三通一平”的建设还处于瘫痪状态，投资环境还是平淡如旧，仅有一些小的企业，在开发区中零散地分布着，这就是江宁人过去十多年的一些难过的记忆。

一、初期发展面临的巨大挑战

在1990年前，当时的江宁县还是农耕文明处于独尊地位，农村建设十分落后，工业社会与工业文明的曙光姗姗来迟，城乡统筹尚未开始，全县的社会经济与城镇建设面临着巨大的挑战。之后，江宁开发区刚刚筹备建立，随即周边地区进入了快速城市化、工业化阶段，随着城镇人口集聚规模急剧攀升以及城市功能多元化的拓展，加上南京南站与新的区域交通通道的构建，初期的发展面临着巨大挑战。

党的十七大提出，要建立“以工促农、以城带乡”战略思想和长效机制，逐步形成城乡经济社会发展一体化的新格局。江宁区按照党中央和国务院的精神，把解决“三农”问题和发展农村公共事业、公共设施和社保问题置于突出的位置，明确提出了编制城乡统筹规划的重要目标和重要任务，江宁区从此走上了城乡一体化的发展之路。

◆ 城市发展的空间功能优化、提升面临挑战。原来的低层次发展，尤其是东山副城的改造与建设和开发区的完善，都缺失了现代化的都市功能；第三产业的发展不充分、不完善，难以留住居住人口，因此，急需在城乡统筹发展的新形势下进行功能的优化和提升，特别是“以城带乡”的发展战略对东山的发展尤其重要。

◆ 江宁开发区的空间效益、建设过程中的分散不集约以及现代城市生活、工作的环境质量都面临着巨大的挑战。开发区的规划、建设已经全面展开，但城市的核心重点缺乏，市政设施不完善；在大城市郊区城市化过程中，江宁区的城市功能逐步提升，但城市内部结构、城市形态美化不足；城乡统筹规划与建设已经启动，但城乡二元结构、城乡差别仍然存在较大差距，“三农”问题尚未解决。2000年前后江宁区的新农村建设才刚刚开始，并逐步由东山新区向各个乡镇（街道）农村推进。

◆ 开发初期在总体布局上不完善，开发主体、开发手段与开发目标都存在不足与矛盾，缺乏科学的认知，忽视了城乡区域的完整性，是“只见树木，不见森林”的开发思维。后来区委、区政府经过多次的研究讨论，深深认识到区域开发、城乡一体化迫切需要由单一开发模式向整体开发模式转型，这一转型充分体现了城乡统筹、协调发展的科学发展观，这正是江宁开发模式的典型特征。

老河定桥（摄影者：苏必功）

考量那些成功发达的地区，无不占据着一定的优势：不能创造绝对优势，也要打造比较优势；无法占据比较优势，也要拼命抢占先机。江宁区几十年来就是不断适应时代发展的需求，迎接挑战，创造各种机遇，融合多种因素，与时俱进，实现新的目标。

二、城乡统筹进入新阶段

自 2000 年撤县设区以来，江宁区社会经济发展取得了持续快速的增长，总量基本上已在南京市区县中跃居首位。江宁区在南京新城区的建设中占有极为重要的地位。

从 2000 年到 2008 年，全区 GDP 总量年均增长幅度达到 18.9%，第二产业增加值年均递增 19.5%，第三产业年均递增 22.1%。2007 年全区实现全口径财政收入同比增长 35.7%，综合经济效益与生态环境、投资环境方面，在南京市区县排名第一，在全省区县排名第六（仅次于全国闻名的江阴、昆山、张家港、常熟和吴江市）；全区的社会商品零售总额是

2000 年的 5 倍，实际利用外资是 1996 年的 7 倍，出口创汇是 1996 年的 27 倍。

2009 年江宁实现地区生产总值 485.4 亿元，增长 18%；完成地方财政收入 114.9 亿元，增长 19.3%。其中，地方一般预算收入 65 亿元，增长 18.1%；全社会固定资产投资 520 亿元，增长 23.8%；实现社会消费品零售总额 160 亿元，增长 20%；城镇居民人均可支配收入 25 226 亿元，增长 11.6%，农民人均纯收入突破万元大关，达 10 080 元，增长 11%。2010 年全区实现 GDP 620 亿元、财政收入 157.2 亿元；全社会固定资产投资达 630 亿元，为全省第一，其中，工业投资 5 年累计 1 401 亿元，是"十五"期间的 4.6 倍，2010 年完成 365 亿元，列全省第二位。

江宁区建立后，是新旧模式的第一次转型阶段，从 2001 年到 2005 年，是新的发展模式全面运行并取得显著成效的第二次跨越发展阶段。从 2005 年至今，是江宁新旧开发模式的第二次转型阶段。在这两个转型阶段中，从城乡统筹出发，江宁区实行了两大经济开发任务：一是通过培育市场和市场主体实现由计划经济向市场经济的转型，即城乡市场开发；二是转变城乡落后状况，全面实现城乡统筹、产业转型、交通与服务设施的全面建设，带有明显的社会动员的色彩与强化政策。结果，江宁区的经济发展已经逐步摆脱了依靠基本生产要素的阶段，正处在依靠政府和企业大规模投资现代化厂房设备和不断创新的高层次发展的阶段，依靠外资与民营企业和各街道、村办企业，促进第二、三产业的全面发展。江宁区很快就进入了依靠知识经济、人才要素、科技创新、投资拉动、城乡协作以及注重创新的发展阶段。

三、城乡统筹的重要实践

江宁区的城乡统筹规划是在宏观经济转型中，在科学发展观指导下，在进一步突出保障民生、和谐发展和新农村建设的新形势下，通过江宁区的城乡空间统筹，对特大城市郊区城乡统筹发展所进行的探索性规划，规划已于 2008 年完成，2009 年通过专家鉴定。2010 年区政府规划局又邀请南京大学城市规划设计院完成了江宁区城乡总体规划（新编），通过城乡规划的空间统筹以及土地整理的目标和要求，江宁城镇理性拓展的用地指标问题有望得到解决。

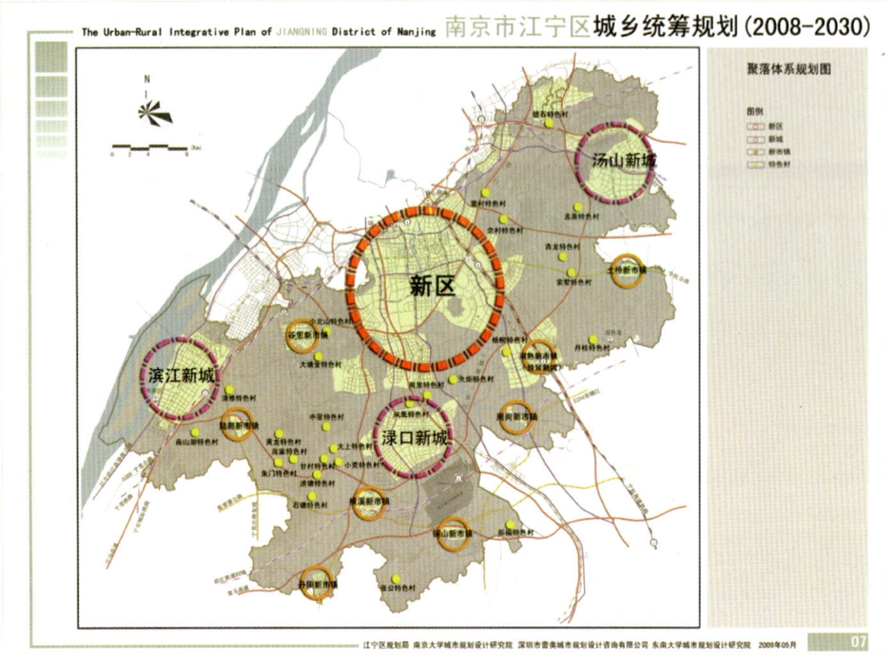

江宁区聚落体系规划图

大城市、特大城市地区是我国经济最发达地区，也是人口集聚与产业集中的精华地区。从发展现实和世界城市发展规律看，这些地区从“大城市”迈向具有多中心、多副城的三维空间发展模式和功能关系，城市辐射相对扁平化，空间品质相对均质化的“都市区”，也具有必然性。江宁区在城乡统筹规划实践中表现出来的问题具有一定代表性。因此，如何充分把握南京大都市区对江宁发展的辐射作用和直接扩散的特有优势，率先实现城乡统筹，是我国当前具有广泛性和重要意义的实践问题。

江宁区是南京市区位最优、条件最好、发展最快的郊区。自 1992 年撤县建区以来，解决农村问题先后经历了撤村并点和整体搬迁两个阶段、两种模式，取得了很好的效果。但是，农村问题的解决仍然大大滞后于经济社会整体发展，目前 92.7 万户籍人口中，仍有 46%农村人口，约 2000个自然村，而已有的农村问题解决模式正面临着成本日益走高、村庄大规模违建、农业生产模式得不到优化、农村社会结构没有改善等不足。另一方面，区内城市发展面临着建设用地指标刚性约束、整体拓展模式过于粗放、区域内部与南京市之间功能与空间统筹不足等问题，这些问题也都需要通过城乡统筹帮助解决。为此，区委、区政府要求编制本区城乡统筹规划，意图从城乡统筹的角度为上述问题求解，实现江宁区在南京市新发展过程中质能级提升的目标（重在内涵）。

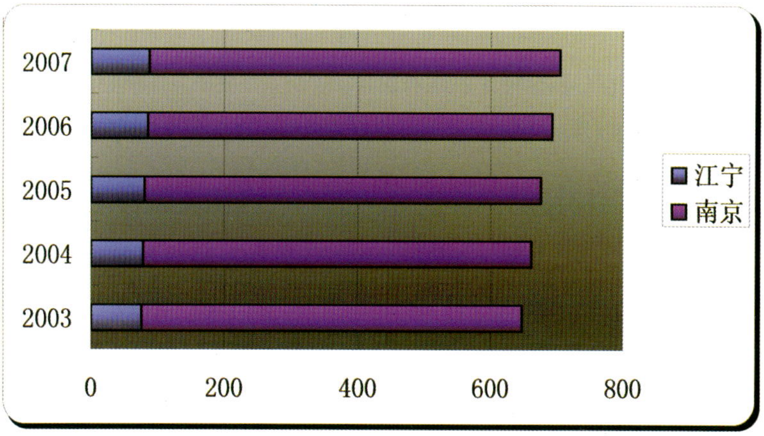

2003－2007 年江宁区与南京市户籍人口变化图

江宁区 1996—2009 年人口情况 单位：人

年度	总人口	户籍人口			暂住人口
		总数	非农人口	农业人口	
1996	747 414	740 731	109 916	630 815	6 683
1997	753 094	744 725	108 105	636 620	8 369
1998	754 924	746 952	119 940	627 012	7 972
1999	753 022	742 653	131 883	610 770	10 369
2000	755 156	740 718	153 901	586 817	14 438
2001	791 796	746 527	177 986	568 541	45 269
2002	827 238	751 865	196 814	555 051	75 373
2003	963 889	764 436	334 400	430 036	199 453
2004	996 611	783 106	423 150	359 956	213 505
2005	1 046 595	810 828	449 234	361 594	235 767
2006	1 193 015	845 459	380 548	464 911	347 556
2007	1 344 236	879 391	440 451	438 940	464 845
2008	1 374 991	909 191	451 050	458 141	465 800
2009	1 396 102	927 292	465 210	462 082	468 810

注：1. 资料来自江宁公安局统计数据及各个街道汇总数据和 2009 年《江宁区统计年鉴》。
2. 暂住人口指的是户籍在江宁区以外、意向在江宁居住时间大于 1 个月的人口。
3. 2006 年、2007 年的户籍非农人口是各个街道中集镇社区人口的总和。

改革之初，广东和浙江的跨越式发展所具有的全国轰动效应和示范意义，丝毫不亚于江苏七八十年代乡镇企业的发展。前者的港台投资与外向型经济积累的存量至今仍遥遥领先，后者的民营经济和沿海经济活跃及其民富程度向来为全国各省市艳羡不已。但到了20世纪的90年代，广东所拥有的政策倾向和温州普遍出现的假冒伪劣，却大大削弱了二者应有的声誉和口碑。对比之下，江苏的典型意义就更加突出。90年代中、后期，江苏的昆山、江阴、无锡、武进、常熟和江宁等区、县并没有得到明显的政策扶持，也很少有壮胆的投机钻营，苏南许多地区先靠乡镇企业异军突起富裕了农民，后因境外资本蜂拥而入刷新了城市，特别是昆山、江宁和江阴，城市建成区、经济技术开发区发展得很快，城乡一体化、城乡统筹的规划在全国较早地施行。而所有的一切依靠的是当地人民和政府不辞劳苦的努力和竭尽所能的大胆创新和智慧的发挥，特别是政府的战略性指导作用。

在我国大地上，改革开放的百花园中在不同地区有不同发展模式，初期时，大家都是摸着石头过河，探索经验，做了较长时间的尝试。而有些地区没有吃透改革实践的实质，到处“克隆”别人的经验，缺乏特色，使当地发展南辕北辙。改革的最大悲剧不在于改，而在于今日的改革却在为明日的改革制造更大的障碍。江宁人吸取了国内许多地区有关城乡统筹的丰富经验，注意了一些经验教训，没有盲目跟风（蒋好华，2005），而是结合自己的客观实际，凭借优越的区位条件，发挥江宁人的智慧与力量，从新的视角出发，去尝试城乡发展的新跨越。

在江宁区城乡统筹规划中，一方面将东山新城区的城市现代化做强做大，适应社会经济发展之需，主要是扩大建成区，吸纳农村人口，积极安排就业，但也非常注意保护土地资源，集约利用土地；另一方面，充分利用江宁各个乡镇的优势，有选择地规划发展重点中心镇，实现“以城带乡，以镇带村”的点线面发展格局。2008年江宁区各乡镇改为街道办，实施了“五指状”的发展思路、点轴发展形式。以南京主城为核心，向广大的江宁区指状轴向发展的新理念，全面带动了江宁区的社会经济与城乡一体化的发展。

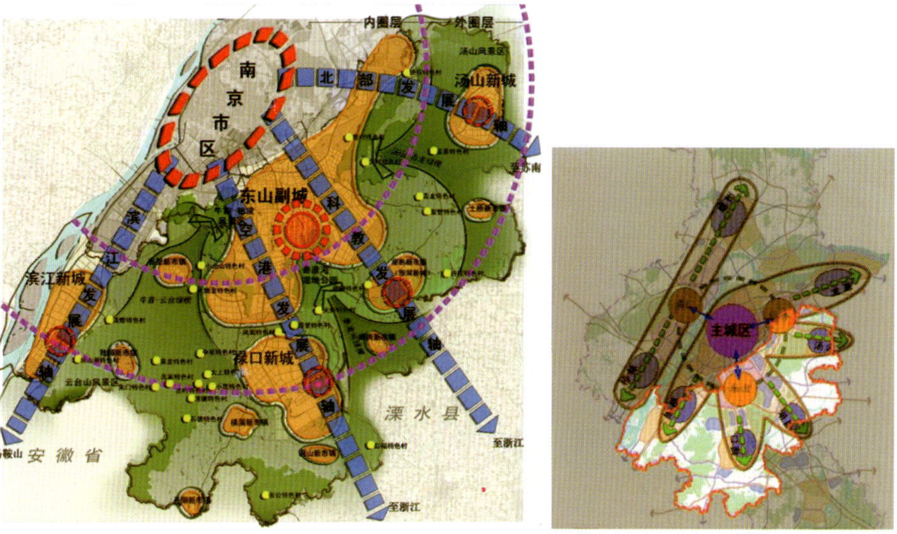

江宁区城乡统筹目标图景

四、城乡地区开发的三次大跨越

改革开放的春潮在江宁大地涌动，政府决策像朝阳一样照亮了江宁城乡。领导的谋略一旦与专家的智慧和民众的汗水相结合，人们就有了新办法、新突破、新建树。

江宁的决策者认识到，要摆脱落后的面貌就不能亦步亦趋地步人家的后尘，只有另辟蹊径，才能后来居上。1992 年 6 月 29 日，当时的江宁县县委书记陈大法在接受《南京日报》记者采访时表达了江宁人走超常规发展之路的决心。他说："我们再也不能满足低层次的进步，靠数自己走过的脚印过日子。全县人民决心瞄准先进地区，卧薪尝胆，埋头苦干，推动江宁经济超常规、跨越式发展。"

从 20 世纪 90 年代初至今，江宁的城乡区域发展与经济开发经历了三次大跨越。1992 年，在底子薄、起步晚、发展滞后的情况下，江宁人大胆选择了一条超常规发展道路，使开发区迅速脱颖而出，走在了全省的县(市、区)的前列阵营。

1. 第一次大跨越(1992—1996年)

“富规划”最能反映江宁人的胆识。1992年江宁开发区创办时，既无一分钱财政拨款，也无一分钱银行贷款，启动资金仅靠集资而来的985万元，在资金十分紧张的情况下，他们那年出资280万元，聘请了50多位专家，前后花了两个月，对选址、地质结构、总体布局、区域功能、环保、供水、通讯、道路、供水、排水、排污、防洪、保安、绿化等多方面进行了科学论证，设计了一套高标准的规划方案。其实，江宁第一次超常规的大跨越，就是在发展之初，牢牢掌握了江宁开发区发展战略的三个指导思想。一是“富规划”；二是“四高(高起点、高质量、高效益、高品位)”原则；三是突破了传统工业区发展的概念。

江宁开发区不仅在规划之初坚持高起点，而且在建设上坚持高标准、高速度，在运作上坚持高效率以及在管理上坚持严格执行规划。

江宁开发区一开始就突破了单纯开发工业的传统开发模式，提出了“以工业为主体，科工贸结合，功能齐全、设施配套的现代化的规划建设地区”这一综合开发目标。尤其可贵的是，他们没有将区内原有的几百亩鱼塘填平，而是将它挖深挖宽，扩大到千亩以上，还给它起了个十分温馨的名字——百家湖。南京大学著名学者蒋好华先生称赞说：“这个位于开发区核心地带的人造湖泊，为后来的江宁的发展做出了难以估量的贡献，被人们誉为江宁大地上的一颗明珠。这种为创造优美环境‘宁失千亩地’的魄力，开创了江宁人高度重视环境的先河”。确实，百家湖现在成了江宁新城区构筑生态城市的第一块核心区绿色山水宝地。

但是，由于开发区初期缺乏市场运作的经验，高起点的开发目标与开发主体、开发手段之间的矛盾，导致了1996年前后有一段时间负债开发，雪球越滚越大，最终引发了信用危机，开发区的资金链几乎断裂。尽管如此，超常规的发展战略仍然是正确的。开发区经过一段时间的奋斗，有了初步规模，当时来江宁开发投资的，就有十几个国家、地区和全国20多个省市的上万人次前来参观考察，洽谈投资项目。江宁开发区的规划水平远远超过了当时的其他开发区，江宁在生态环境、区域功能、总体布局以及城乡统筹的综合配套方面，表现出了相当超前的眼光。

江宁开发区创办初期，至少有四大创新：一是开发区定位上的创新；二是规划理念上的创新；三是资金筹措的市场机制的创新；四是开发区与城乡统筹管理模式上的创新。

2．第二次大跨越（1997—2000 年）

在历史的长河中，没有一定的时代背景，任何地区是很难跨越各种经济发展门槛的，站在今天回顾昨天，我们可以更清晰地认识历史的因果之链。没有开发区的创办，就没有江宁的第一次跨越；没有 1997—2000 年长达数年的艰难转型，也就没有在新世纪中江宁的第二次大跨越。

蒋好华先生说过：与亦步亦趋的前进不同，成功的跨越需要巨大的勇气、非凡的智慧、正确的方向和强大的动力，最后还要有合适的时机。缺少其中任何一项，跨越者的前进征途都有可能跌入深渊。

大跨越需要有坚实而又丰富实践的基础，正确的判断与超乎寻常的动力。江宁区的第一次跨越依靠了领导的初次尝试和招商引资的有限成果，由于动力不足，其结果只能是"单腿跨越"。在第二个开发阶段，通过艰难的模式转型，江宁人为第二次跨越备足了强劲的动力。2000 年底，江宁各地区经过了全方位的模式转型，江宁成功地完成了三大历史性任务：一是提高了本地区的市场化程度；二是调动了整合优化产业结构的态势；三是构建了布局合理的城市规划框架与城乡一体化的实施措施，初步形成了较为配套的城乡建设的功能体系，推动了江宁城乡的市场化、产业化和城镇化发展水平。

浮躁的非理性与冷静的理性在形式上都选择了"加速发展"，但内涵和结果却迥然不同。前者牺牲未来，急功近利，热衷于低水平的大规模建设、盲目发展，结果加速陷入了发展停滞的陷阱，葬送了大好的发展机遇。后者立足于长远，按照科学发展观的务实求真精神，走可持续发展道路，坚持实事求是的高起点，按照一定的标准超越传统的发展模式，实现了可持续发展的跨越式前进！

2000 年 12 月 21 日，一直寄希望于撤县设市的江宁人，喜出望外地迎来了撤县设区的喜讯，以此为契机，江宁的城市化、工业化进入了一个加速发展的新阶段。另一方面，由于多年来打下的良好基础以及纳入南京主城区的新优势，新一轮经济浪潮不仅早早叩开了江宁的大门，而且带来了比一般地区更多的优势资源和发展机会。从 2001 年开始，大批的国内外资本、高科技资源、高等级教育资源以及区内外的民间投资等，都普遍看好江宁的发展前景，江宁区迅速成为炙手可热的投资热点。江宁区原来的老领导王建华同志在 2002 年区党委扩大会议上表达了江宁人民立志改革，敢于创新的跨越精神。

链 接 4

《把握大机遇、迎接大发展、推进大跨越》

如果按常规模式一步一步走，那就只能一步一步地常规发展。用常规的方法，只能获得一般的发展；超常规的思路，加上扎扎实实的工作措施，才能取得跨越式的发展成效。

当前，江宁的发展已进入了一个崭新阶段，我们已由点的突破到线的拓展，即将进入全面出击、整体推进的临界关口，迎来大开放、大开发、大建设的又一轮春天。

把握大机遇，必须充分看到江宁已进入加速发展、跨越腾飞的关键阶段。特别是当前全区上、下发展的热情比任何时候都高，发展的观念比任何时候都新，发展劲头比任何时候都足，这为我们跨越式前进提供了良好的出发阵地，构筑了较好的发展平台。

王建华在江宁区委十届十二次会议上的报告(2002. 12)

3. 第三次大跨越(2001—2008 年)

21 世纪初，经过第二次大跨越后，江宁区又出现了从未有过的新气象。在“十一五”规划期间，江宁正处于工业化的中后期、城市化的中期、信息化的初始期，此时必须立足于信息革命的成果推动工业化和城市化的更高层次发展，走三元联动之路，大力发展信息产业，推进信息技术的推广和应用，提高江宁区骨干企业的技术创新能力，加快城乡一体化和城乡统筹规划，才能实现江宁社会经济的第三次跨越式发展。

江宁人立足于全球经济一体化的趋势来研究江宁作为南京新市区的功能定位和布局，以区位优势作依托创新规划，实施江宁发展的高定位，明确了建设“南京新市区、高新技术产业密集区、都市农业集中区”的现代化城乡新格局。创新城市功能，离不开经济高度发展、信息的发达和现代化的基础设施，更离不开由碧水、蓝天、绿地和清新的空气构建的生态环境。江宁正是树立了以人为本的理念，致力于提高城乡人民的工作环境与人居环境水平，为实现江宁区城乡建设现代化而努力奋斗。

五、城乡统筹的六大含义

城市和乡村作为区域发展的两大主体，两者的关系一直是国内外学者和政府决策者关注的重点和当前的热点问题。党中央和国务院多次会议和文件精神都提到“城乡统筹”，建设社会主义新农村的长远战略目标，完善和提升城市现代化功能，工业反哺农业、解决“三农”问题，实质上就是强调建设与经济发展水平相适应的现代化城乡。

江宁区委、区政府以及广大干部群众，都深深懂得：“城乡统筹”不是单纯地将经济社会资源从偏向城市转向广大农村，也不是片面地强调城市工作的重要性或乡村工作的重要性，而是在理顺城乡关系上优化城乡资源的配置，逐步做到城镇带动农村，工业支援农业，走共同富裕的道路。

江宁区在城乡统筹的伟大实践中，注意到了城乡统筹的六大含义：①统筹城乡产业结构战略性调整；②统筹城乡劳动力结构和人口布局优化；③统筹城乡要素市场，搞活城乡经济；④统筹城乡规划与建设，首先完成高质量的城乡统筹规划工作；⑤通过各级政府，统筹城乡社会保障和公共服务体系；⑥在管理层面上，统筹城乡改革配套。通过采取这六项城乡统筹策略，并结合城乡规划与建设逐步实施这些方面的策略与具体的方针政策，逐步缩小了江宁各个地区的城乡差距，协调了城乡关系。

当前，江宁全区的社会经济发展实力已经具备了城市反哺农村、工业反哺农业的实力和条件，在新时期和新形势下，城乡统筹的关键是做好城乡统筹规划与谋划。江宁区的城乡统筹规划工作已经出现新的气象，我们的规划与建设已经包含着以上六大内容，按照城乡统筹规划的要求，重点加强城乡基础设施的建设与新村社区的建设，推广城乡一体化规划，加强城乡配套设施、公共设施的建设，改善农村人居环境，因地制宜改造城中村，拆除空心村，合并小型村，加快了城乡新区的建设，加强了农村社区的统一管理，建设好社会主义新农村。

江宁新农村美丽富饶的景色(摄影者:姚士谋)

六、全区经济总量持续快速增长

江宁区开发区规划建设将近 20 年，经过了艰苦奋斗的三次大跨越，全区的城乡经济社会得到了快速发展，特别是国民生产总值、人均 GDP 都有很大的增长。2010 年底，全区户籍总人口已有 93.5 万人，还有外来务工人员 48 万之多(暂住户口)，全区经济人口密度较高，经济社会发展较快，市场兴旺，城乡繁荣。在城镇建设开发区的完善与增加新的增长点和城乡重大基础设施等方面，处处出现了新的面貌，为本区更大的跨越发展增添了许多活力和坚实的基础。

2000—2009 年江宁区经济发展情况

经济指标	单位	2000 年	2001 年	2002 年	2003 年	2004 年	2005 年	2006 年	2007 年	2008 年	2009 年
年末总人口	万人	74.05	74.65	75.19	76.44	78.31	81.08	84.55	87.90	90.91	92.73
GDP	亿元	93.60	104.92	124.10	166.40	190.50	231.91	278.10	339.50	428.8	503.4
人均 GDP	元/人	13687	15282	18142	22201	26150	28925	31192	36399	44415	50954
固定资产投资完成额	亿元	36.66	40.89	56.40	100.30	150.10	225.27	300.70	370.50	420.41	520.05
财政收入	亿元	8.18	14.88	22.01	35.00	40.00	50.02	65.06	111.14	130.89	163.73
第一产业总产值	亿元	24.09	25.13	26.45	30.23	33.42	35.36	37.50	40.00	42.1	45.80
第二产业总产值	亿元	298.56	240.53	326.00	382.80	464.58	566.66	682.89	827.28	936.0	980.1
社会商品零售总额	亿元	17.77	19.84	22.40	26.33	57.20	66.44	77.11	91.02	133.9	163.7
职工平均收入	元	8832	10775	12619	14598	16931	18628	23967	29286	32500	35100
农民平均收入	元	4120	4376	4649	5001	5620	6320	7160	8140	9081	10008

注：①数据来自 2001－2010 年《江宁统计年鉴》

②2010 年江宁区全区 GDP 总值达 620 亿元；规模以上的工业总产值达 1276 亿元；社会商品零售总额达 197.7 亿元，在全省各县区中名列前 10 名。

篇四　规划建设的新格局

江宁城乡统筹规划的基本手法是：充分调查厘清全区的发展条件，在尊重现状发展的特点以及吸收相关规划的优点基础上，结合区域成长与发育的优势因子，采用“理山管水、打点筑园、分类建设、修复保护”的方式，构建良好的“廊道、基质、斑块”生态结构；进行整体构思，规划城乡，重点投入建设城镇，打造环境，逐步推进实现城乡一体化、城乡现代化的美好前景。

江宁区的城乡一体化与城镇现代化进程是江宁新的城市发展观——城乡协调发展的演绎。仅仅用江宁人常说的“规划先行”还不足以解释江宁城乡统筹与城市建设的核心问题。在规划建设过程中，还有江宁决策者具有丰富内涵的城市理念，这些新的理念正是江宁规划工作的关键的指导思想。

江宁人的第一个梦想发端于开发区。正是江宁经济技术开发区在1992年6月18日破土奠基，在东山镇以西的百家湖开始建设，给江宁人一个畅想未来的机会，江宁人十分珍惜这次难得的机遇。开发区创建之后，当时的县政府却按兵不动，偃旗息鼓，不是投入紧张的施工，而是悄悄地请来一批专家，花了整整两个月时间，制定了一个高起点的规划。江宁人第一个梦想就这样诞生了，他们是这样编织着开发区科学发展的未来：

开发区以百家湖为核心，依次向外扩散，形成三个圈层：一是核心圈层，为百家湖风景游览区，内设商贸、别墅、植物、疗养、游乐和国际会议六大板块；二是外围圈层，为起点高、无污染的工业加工区以及高端技术发展备用区；三是多姿多彩的公园、苗圃与绿色村庄田园。

链 接 5

江宁人的终极性城市理念

江宁人城市观的核心部分是由一组终极性城市理念构成的。其主要精神有：①人与自然和谐共生；②山、水、城、林四大元素浑然一体；③丰富而深厚的人文内涵和浓郁的文化气息；④一轴线、多组团、低密度、开放型的城市空间结构；⑤大面积的绿色公共空间；⑥城市功能体系的协调发展；⑦与国际先进的规划理念保持同步，持续修正和完善落伍或即将落后的规划；⑧城市与产业的良性互动：一流城市需要一流产业的支撑，一流产业需要一流的城市载体；⑨居民的生活质量是城市的第一指标，是产业发展和环境建设的出发点和归宿；⑩为未来预留适度的发展空间。

蒋好华. 区域创新之路. 北京：新华出版社，2005.

一、城乡统筹工作的重大问题

城乡二元结构迟迟难以破除，有生产力发展水平和城镇化发展阶段的原因，但更多的还在于体制、机制制约的问题。破除城乡二元结构是一项带有全局意义的重大体制攻坚任务，必须通过综合配套改革，协同推进，集中攻坚。目前，国家综合配套改革试点工作已初步形成东中西互动、多层次推进的综合配套改革试验格局。当前统筹城乡综合配套改革工作需要创新突破一系列重大问题。

首先是关于农村产权制度改革与农民财产性收入问题。从成都、重庆等地农村土地明确产权、顺畅流转等试点探索工作中可以看出，土地的产权归属越清晰，土地作为生产要素的增值空间就越大，农民从土地增值中获得的收益就越多。要继续探索建立归属清晰、权责明确、保护严格、流转顺畅的现代农村产权制度，依法保障农民权益，通过明晰产权和健全市场机制切实提高农民的财产性收入。

第二是关于城乡建设用地增减挂钩与保证耕地质量问题。近年来，一些试点地区将农村土地整治和城乡建设用地增减挂钩有机结合，促进耕地向适度规模经营集中、居住向中心村镇集中、产业向园区集中，有效

改善了农村生产和生活条件，推动了新农村建设和城乡统筹发展。但与此同时，相当一部分补充耕地质量低于占用耕地，耕地质量下降已经成为影响城乡增减挂钩试点范围扩大的突出问题。有关部门和试点地区要下大力气创新体制、机制，确保耕地质量不下降、数量不减少，切实保证国家粮食安全。

第三是关于进城农村人口土地承包权、宅基地退出和补偿机制问题。我国城镇化的快速推进导致了农地的大量减少。今后，各试点地区要更多利用市场机制探索进城农村人口土地承包权、宅基地退出和补偿机制，确保农民通过自愿转让获得财产性收益，从节约集约用地中获得合理的回报。

第四是关于进城就业农村人口的市民化问题。我国城镇人口中包含 1.5 亿以上的农业户籍人口，其中大部分是农民工。他们不能与当地城镇居民享受平等待遇，就业和生活处于不稳定状态。各地要尽快完善流动人口管理和服务制度，配套推进劳动就业、随迁子女教育、社会保障等相关制度改革，消除制约人力资源在城乡、区域之间自由流动和优化配置的制度障碍。

第五是关于城乡基本公共服务制度的衔接和统一问题。尽管各地因地制宜地进行了许多积极的探索，但由于这项改革涉及区域、城乡和不同社会群体之间利益格局大的调整，涉及面较宽，推进难度很大。当务之急是要尽快实现城乡之间基本公共服务制度的衔接和统一，并在此基础上进一步促进基本公共服务水平均等化。

二、江宁开发区规划的新视角

江宁经济技术开发区的新一轮开发面积为 45 平方公里，总体规划思路是：全区分为产业园区、高教科研区、生活区和绿化功能区 4 个部分，通过它们的发展把整个江宁区的发展带动起来。

开发区的西部为牛首山—祖堂山风景区，南部与生态农业区相接，东部、北部为秦淮风光带，中间以牛首河绿化带为构架，以百家湖、西毛湖、金马湖为南北向的绿化走廊，将生产、生活用地嵌入其中，形成布局合理、环境优美的综合性新城区。以机场快速干道为发展轴，将规划用地划分为东、西两大片区，合理地有限制地开发工业区、新城区。东片依次为一类居住用地、二类居住用地和高新技术产业用地、无污染工业用地，中间有一个环境优美的金马湖公园。西片为牛首山、祖堂山风景区，辟为开发区的后花园。东、西两片区功能定位为南京高新技术产业生产研发基地，具有居住功能的生态型产业园区，现在已为环境最佳的生态旅游与农家乐的新区。

江宁作为南京市大都市圈的副城（近郊城市化的结果），其开发建设过程中，从规划的新视角，抓住了城乡统筹规划的核心问题，主要是解决城市化扩展过程如何提高城市建设质量以及新区建设如何融入大自然的生态环境之中。在城乡统筹规划中抓住了“以城带乡、以镇带村”核心与三条主线：

一是江宁空间发展的主线。近10年来，国内有些大城市近郊区在不同规划管制程度下有着不同的发展道路与模式，例如，成都温江区建设新城市的自上而下集中发展模式，天津滨海新区华旺镇农村住房改建与天津城市郊区化相结合的模式，等等，都给江宁区的发展提供了诸多经验。目前，江宁区正处在加速发展时期，区政府通过新规划，相关部门也编制了全区的战略性规划、城乡统筹的发展规划与全区性的土地利用规划，这是规划管控的关键阶段，全区已进入城市化健康发展的新阶段，即对全区的社会经济与城镇建设起总体性、综合性引导的阶段，避免盲目发展和散乱发展的非理性建设。

二是城乡统筹综合性发展的主线。做足城乡统筹这一题目，未来要实现小康社会，短腿在农民，主体在农村，发展在农业，城乡统筹是科学发展观的一个非常重要的部分。江宁正处在城市化与现代化建设的重要阶段，未来的城市化道路还很漫长，解决好“三农”问题是全区整体发展的战略性课题，城乡统筹综合发展必然作为全区规划的原则和指导思想。将城乡统筹综合发展作为规划的主线，也是江宁区发展的远大目标，涉及乡村发展和城乡关系，最终要实现全区社会经济繁荣和城镇现代化、城乡一体化的美好前景。

三是把握区域资源要素的合理开发利用的主线。改革开放后，对区

域性的资源要素有一个新的看法，不同的视角有不同的资源要素利用问题。从辩证思维的角度看，资源要素、资源系统不仅是一个地区资源的总和，而且不同资源之间存在着纵横交错的复杂关联与互动利用的和谐关系。从产业经济的属性划分，资源要素系统可以分为四大类型，即农业型资源要素系统、工业型资源要素系统、现代服务业型资源要素系统和混合型资源要素系统。例如，现代服务业型资源要素包括商业、金融、技术、劳务、旅游、信息和文化娱乐等等。因此，在一个城乡区域空间，各种资源要素分布、类型与利用程度都是不同的，同时资源利用上又表现为高级、初级各种利用状况与特征。总之，资源利用与各个地区发展条件密切相关，最终推动一个地区的社会经济的发展。

三、城乡统筹的示范性及其规划内容

江宁区有着优越的区位，城乡之间有山有水，整体生态环境优良，城乡统筹规划作为开创性的实践，江宁区的城乡统筹应当突出其示范性作用，其规划内容具有独创性的价值，主要包括四个方面：

城乡建设布局的科学性统筹。根据江宁区的自然地理条件与实际情况，编制科学合理的城乡统筹规划，结合地区性、政策性的长远目标，针对粗放的土地开发模式，统筹城、镇、乡村各个等级体系的要求，合理配置人口、用地，统筹规划各类建设用地和应保护的耕地、林地和绿化地。

产业空间开发建设的合理统筹。过去一阶段，乡、镇、村各类开发区、工业区遍地开花，优质良田随意占用的问题不少。通过政府的清理，结合江宁区产业发展的实际需求，集中布局各类工业园区，统筹安排各类用地，优先保证重点产业的土地供应，促进优势产业的集聚，合理安排用地指标，确定主要商业（商务）中心区、工业园区和农业基地的合理范围和发展方向。

各类资源保护和合理开发利用的统筹。针对粗放发展阶段对生态环境造成的巨大压力，以及各级行政主体在保护责任和资源上的不匹配，结合未来的发展目标，打破行政界线，统筹安排区域生态环境的保护工作，确定各类自然及生态环境的保护范围，明确保护要求。保护历史文化有助于提高江宁区未来的城乡总体发展的品质，并在已有规划的基础上，明确各类历史文化保护资源（特别是水土资源和森林资源）的保护要求。

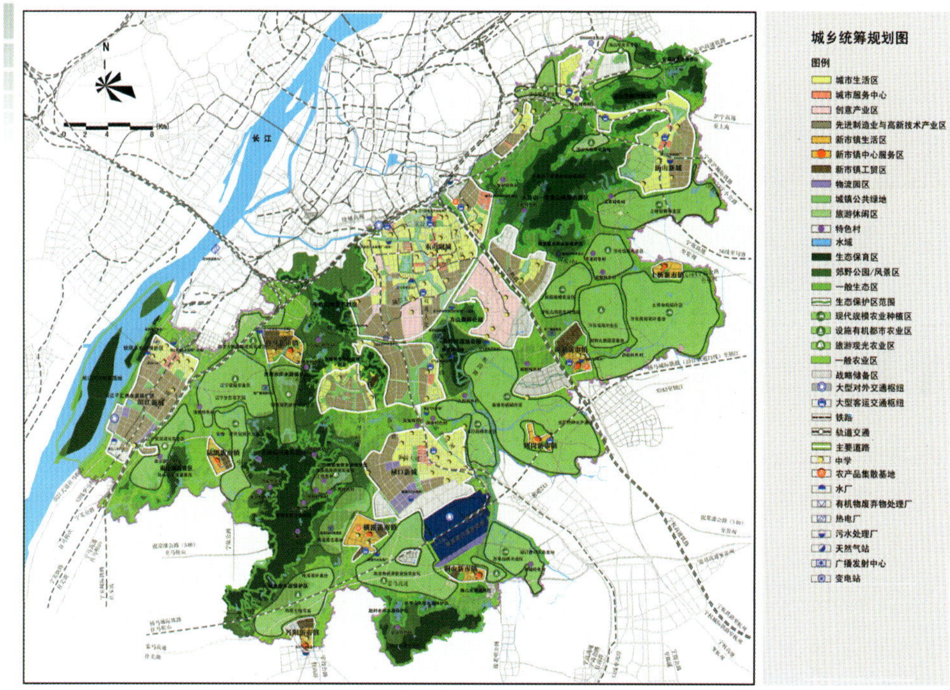

江宁区城乡统筹规划图

各级行政服务体系的统筹。坚持以人为本、构建和谐社会，就是要以实现人的全面发展为目标，从人民群众的根本利益出发，促发展，不断满足人民群众日益增长的物质文化需要，必须不断加强各级行政服务体系的统筹。①做好城乡公共服务设施的统筹。结合未来的城、镇、村体系的整体布局，根据城乡统筹的发展目标地构建和谐社会的具体要求，按照新的统一标准配置各类公共服务设施，重点加强社区的基层建设。②综合交通和通讯设施的统筹。结合全区的人口及产业布局的调整，在充分考虑与南京市以及区域性重大基础设施布局协调的基础上，统筹全区的机场、港口、铁路和城乡道路的综合布局，统一标准、统一建设、统一管理和统一使用。③搞好全区城乡（街道）市政设施的统筹。针对目前市与区、街道、村镇各类设施的建设标准和建设机制上存在巨大差异，资

源配置不尽合理的状况，结合未来城镇体系格局和城乡统筹的发展目标，统筹配置各级各类设施，确定主要市政设施的规划布局、建设标准和控制要求。

四、城乡总体发展的思路、格局与目标

改革开放30年来，江宁已经基本上完成快速城镇化的历史任务，随着城镇人口集聚、产业集聚的规模不断攀升以及城市功能的多元化拓展，加上京沪高速铁路、南京南站和新的区域交通通道的构建，江宁面临着全新的发展机遇。当前，江宁区城乡统筹规划正在实施，经过一段时间后，江宁区的建设速度将创造奇迹，城镇建设将改写历史，城乡统筹将拉近空间。

全区发展的空间格局与目标是：

一是空间功能的优化。将江宁区的核心城区——东山，尽快建成南京的现代化新城区（副城），在城乡统筹的新框架下，对江宁新城区的现代都市功能进行优化、提升。

二是区域经济效益的提升。过去受到技术条件和运行体制的制约，江宁农业、工业生产空间土地利用效益不明显，急需通过统筹规划的引导，提升产业发展水平和土地集约利用程度，提升空间资源利用效益。

三是区域空间关系的合理组合与发展。在城乡关系的历史性转折阶段中，江宁的城乡空间、区域交通空间、城镇空间的不同组团和轴线发展以及不同功能空间的关系，急需通过城乡统筹规划进行合理重组。

四是区域性的城乡空间规划整合。以往各部门规划、行业规划、不同地区的各种规划相互矛盾、相互牵制，带来空间开发利用的无序、低效，急需通过区域性的城乡统筹规划加以整合与协调，使之健康发展。

依据江宁区城乡规划的思路、格局，全区城乡统筹的总体目标可以概述为：

在长江三角洲城市群高度发展与南京大都市圈的成长过程中，江宁区作为南京重要的副城之一，依托南京大都市的区位优势，以新市镇和特色乡村为重点开发空间，规划建设现代化的新城区并与南京老城区无

缝对接。未来将建设成为城乡品质均优、市场繁荣、功能互补、综合发展、基础设施完善、生态环境优美、可持续发展的新市区，将有效承担起南京大都市圈的副中心、最佳人居环境、科教研发基地以及先进制造业、高端产业和都市农业、现代农业的重要基地等功能。最终，在江宁全区实现城乡现代化，而逐步与南京大都市圈一起迈向国际化。

具体而言，江宁在区域产业中的定位是“四个重要基地”：①长江三角洲自主创新发展的科技研发基地，②南京大都市圈发达的生产性服务基地，③具有国际竞争力的先进制造业基地，④南京都市区重要的生产绿色食品的都市农业基地以及休闲旅游胜地。

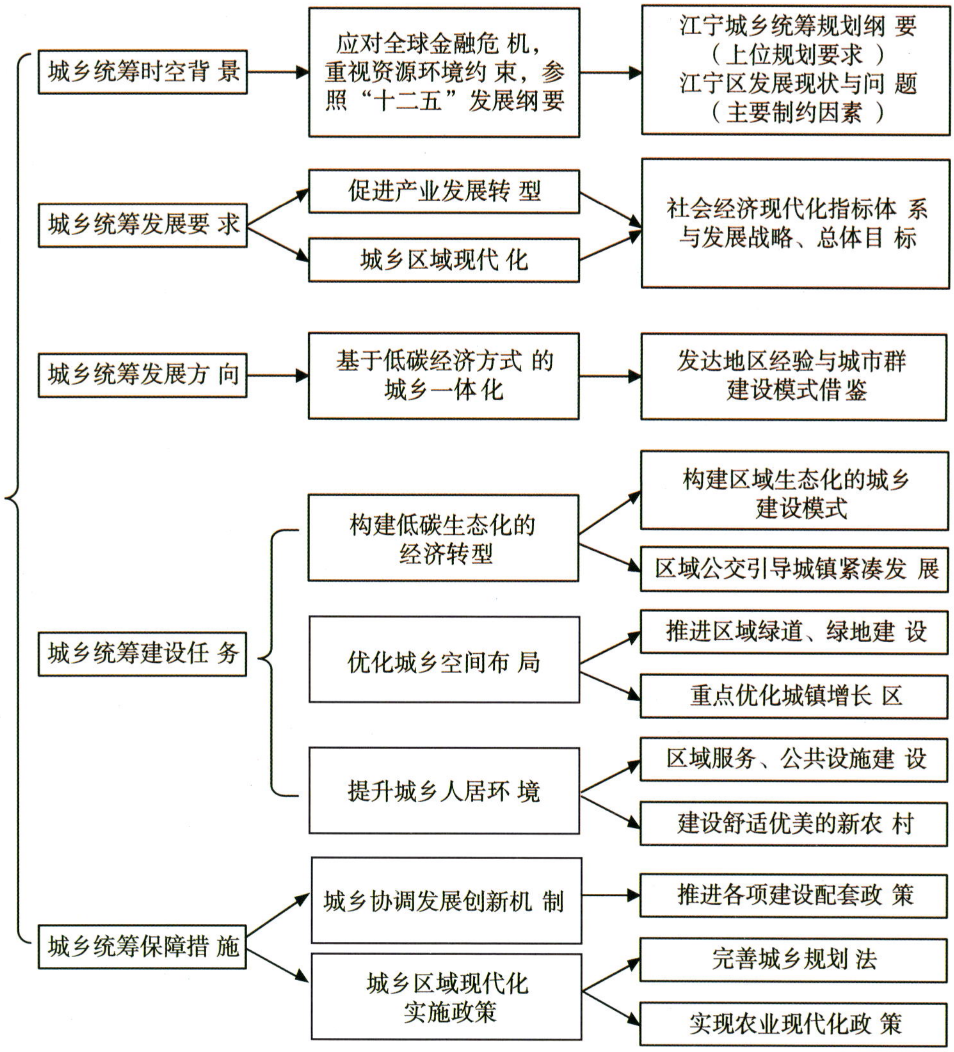

江宁区城乡统筹总体构架图

党的十七大的春风吹遍江宁大地，现在，江宁区正在向着高科技、现代农业和城乡一体化的目标迈进！

江宁人在建设高新技术的花园城市和知识创新基地这一崭新理念中，体现了中央有关进一步发展国家经济技术开发区的指导思想。在它的引导下，引进了一批先进的跨国公司和高科技研发中心，并在河海大学、南京航天航空大学先行进入园区的基础上，又吸引了东南大学、中国药科大学、晓庄师范学院等名校进入江宁区。在这一片创业发展的日日夜夜里，江宁区在跨越发展，江宁开发区在日新月异地变化，在这春意葱茏、意气风发的年代里，我们看到了生机勃勃的江宁。

链 接 6

重视民族实业的兴起

一个国家的最终现代化，没有充分发展起来的民族实业和充分涌流的民族资本来支撑，是难以想象的，对于一个地区，也同样如此，它需要扎根本地的本地人资本与产业。所以，任何一个地区，要实现城乡现代化，挤入经济发达与文化科技发达的行列，必须具有先进的制造业基地、高端的生产性服务基地和科技研发基地。只有这样，我们的江宁才能成为国内外资本流向洼地的同时，也能成为支撑西部落后地区并向其他地区输出资本与产品的高地。只有双向的流动，才能真正拥有宣称实现现代化的底气。日本和东亚“四小龙”完成了工业化过程，实现城乡统筹，才能最终实现国家与地区的现代化。

龚浔泽. 江苏脉动. 南京：江苏人民出版社，2008.

五、始终坚持城乡统筹的五个基本任务

第一，树立城乡和谐发展观，抓紧城乡统筹规划。按照党中央和国务院提出的“现代都市和现代农村和谐相融，现代文明和历史文化交相辉映”的新型城乡形态要求，坚持城乡建设要充分体现城镇建设与产业、经济相结合的原则，体现经济建设与自然环境的相融性和共享性，精心编制城乡统筹、相互衔接、全面覆盖的城乡规划体系，努力形成城乡一体、整体推动的发展格局。

按照“资源集约、产业集群、居住适当集中”的原则，将江宁区划分为四大片区。

第二，突出中心城市的建设重点，加强城乡基础设施一体化。按照适度起步、配套完善的要求，江宁区政府按照南京大都市圈的发展要求，大力推动市区与新城区的城市基础设施和市政公用设施向农村延伸，加快农村发展环境建设，改善城乡居民的生产生活条件。

第三，调整产业结构，努力提升城乡产业转型升级一体化。产业转型与产业支撑是推进城市化、实现城乡一体化的基础动力，我们应主动顺应江宁区快速城市化的发展，并促使江宁区尽快成为南京主城区的重要组成部分，深入实施江宁区的产业转型发展战略，加快现代服务产业的发展。

第四，完善城乡公共服务体系，狠抓城乡公共服务一体化。在整个城乡一体化的发展过程中，努力推进城乡公共服务的均等化，着力构建城乡一体化的公共服务体系。推进城乡教育资源的公平享有，基本完成了农村中小学的标准化建设，在全省率先实现了义务教育。完善以“大病统筹”为主的农村新的合作医疗制度，全面实施镇(街)公立卫生院标准化、规范化建设和村卫生站的“三化服务”。

第五，实行科学管理，狠抓城乡社会管理与城乡市场机制一体化的建设。建立以居住地登记为主的城乡居民一元化的户籍制度，消除农民向城镇转移的“门户”限制，提高我国的城镇化水平，这是我国经济高度发展的一个大趋势。

江宁区在南京市委、市政府的直接领导下，大力推进行政管理体制改革，撤乡并镇，改镇为街道，先后调整了涉及城乡统筹的二十多个部门的业务范围，提高了行政效能，完善其职能部门。同时积极推进农村产权制度改革，解放和发展农村生产力，坚持以“民主化、市场化”为目标，采取先试点、再扩面的方式，探索出了基层经济的微观基础，调动了农民保护耕地和发展产业的积极性，为各类生产要素和各种资源在城乡之间自由流动创造了条件，繁荣了城乡经济，促进了城乡社会的和谐发展和城乡市场机制一体化的现代化建设。

总之，外向型经济高歌猛进的光环取代乡镇企业异军突起的殊荣已有些时日了，什么将成为支撑起江宁区新一轮发展奇迹的点睛之作，现在还难以看出，但没有理由不未雨绸缪。许多地区跨越式发展并取得巨大成效而成为全国瞩目的焦点和落后地区艳羡的榜样，比如昆山、东莞、成都的温江和天津的滨海新区，它们都有着城乡统筹的先发效应，我们不应忽视。经济发达地区是不断进取的，不是一次两次的展示。在一次两次的形象展示中，扬长避短是种技巧，但在长久的地区发展中却不能如此，否则，就成了掩耳盗铃。争取江宁区在新一轮的城乡一体化发展长河中，充分认识自身的优点和缺点，挖掘潜能，弥补不足，创造性地向先进地区学习，这样方可视短补短，见长扬长。于是，学习昆山、东莞，学习浙江、成都，都是我们江宁区构建新一轮发展优势和进一步提升的重要环节及必须认真为之的实践行动。

六、广域乡村生态环境的核心塑造

城乡协调发展与城乡统筹的根本问题，在于广域乡村生态环境现代化、园林化。广域乡村是指除了城区之外的广大乡村地区，包括城市郊区、远郊区、建制镇与乡镇、乡村工业区、开发区以及广大农村地区。

我国到 2009 年为止，城镇化水平仅仅上升到 45.6%左右，2010 年为 46.8%，2011 年已达到了 49.5%。由于我国是人口大国，除了 6.45 亿城镇人口外，实际上还有 7.10 亿人口仍然居住在农村地区，大多数农民的生活水平、居住水平与居住环境都没有达到现代化的标准，比之发达国家的农村现代化环境，我们的农村还落后于先进地区半个世纪左右。

对农村现代化建设与乡村生态环境塑造，江宁地区是从三个方面来考虑的：一是将农村现代化作为政府的一个长期目标贯穿于整个城镇化、工业化过程，不仅要提高农民的生活水准、居住水平，而且也要将他们的文化生活水准和所处的生态环境标准提高到一个新的高度，超过小康，达到现代化水平；二是将农村现代化作为一项城乡统筹紧迫的长期性任务，将与城市地区（东山）的基础设施现代化水平联系起来，争取接近全国先进水准，达到人均环境美化、舒适化与环境卫生标准化的水平；三是农村地区各项服务设施（包括教育、医疗、卫生、购物中心与休闲疗养等等）达到现代化标准，逐步缩小城乡差别（二元结构），达到基本的水平一致，实现社会公平。

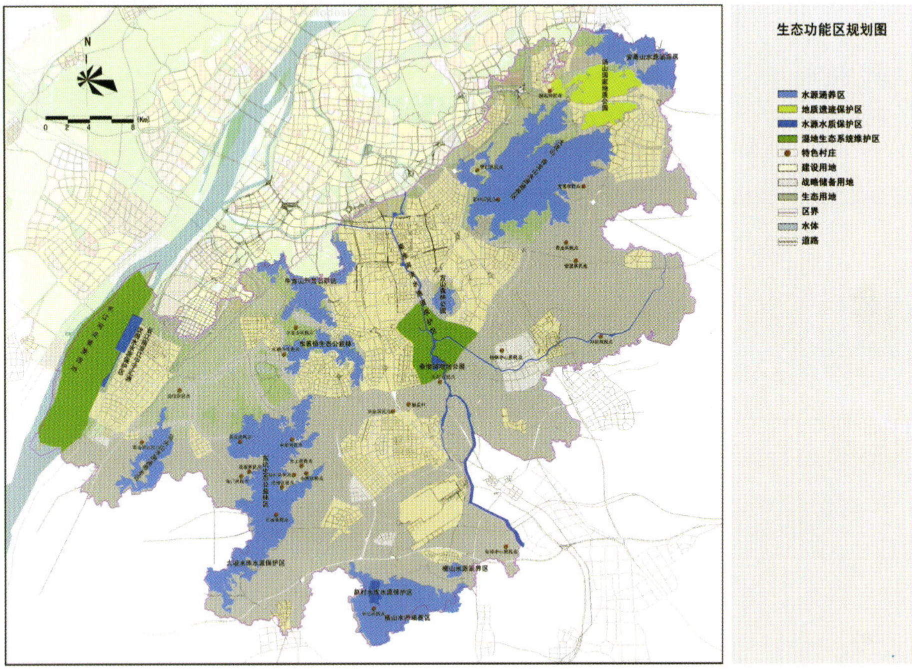

江宁区生态功能区规划图

广域乡村生态环境现代化的内涵极为丰富，大致包括以下几个重要内容：乡镇功能现代化并富有特色，农村经济比较发达，重点地区生态环境保护严格，乡镇地区的基础设施现代化（包括具有 80%以上的乡村居民点有水泥路面、饮水水源清洁、垃圾处理 90%以上达到无害化标准等），乡村生态环境现代化以及城镇文化生活极大丰富，城镇和农村地区规划建设管理逐步达到标准化、规范化、现代化。

广域农村生态环境现代化的建设在江宁全区首先要考虑到人的因素，以人为本，深刻考虑到人与环境之间的关系等重大问题。实施“绿色江宁”工程，美化田园、道路绿廊、公园湿地，遍城遍山，河清屋洁，诱人可爱。其基本内容是：满足人的物质与精神需要，增加和完善各种文化设

施，提高农村居民点整体文化素质，形成良好的民风和乡村形象，实现乡村居民由传统人向现代人的根本转变(陈光庭，黄鹂鸣，2003)。

江宁区的生态建设高标准地通过了国家生态示范区的验收(2010年)，随着江宁一批绿色生态区域的有效保护和开发，江宁的生态环境将更加优美、更加适宜居住、更好地为旅游者服务。江宁区紧紧抓住了创建国家可持续发展实验区这一有利契机，着力推进康居宜业的“生态江宁”建设示范工程，促进经济社会、城乡一体化的全面、协调、可持续发展，成为南京市的天然后花园。

链 接 7

荷兰兰斯塔德绿心规划

兰斯塔德是荷兰最大的城镇群密集区，中央地区面积有400平方公里的绿心(农田、村庄与花园)。1960—1975年间，荷兰快速城镇化也曾经导致激烈的城乡空间争夺用地。荷兰政府通过精心规划、严格管理发展绿色产业(如园艺和旅游业等)的手法，不仅使绿心得以完整保护，而且产生了较大的经济和社会效益，提升了城市群空间品质，成为世界“绿心”规划和建设的典范。主要做法是:

◎ 顺应自然，生态保护为主。

荷兰国家空间规划和兰斯塔德区域规划多次明确：保护本地区的绿心为重要主题，荷兰政府规划后就坚决实施。

◎ 适度利用，从消极保护转向积极保护。

面对工业化、城市化的蔓延发展，1980年后，政府反思城乡二元对立问题，积极鼓励发展与绿心功能兼容的观光、旅游、休闲、花木等绿色产业，传统手工业也得到相应发展，收到良好的效果。

◎ 分层规划，构建生态—生产—生活的空间。

《兰斯塔德2040》战略规划，以基础层(Primary Stratum,生态系统)、网络层(The Network Stratum，公共交通系统)和城乡层(The Occupation Stratum: city and country，城镇等城市化和产业发展核心地区)的分层规划思想为主导，构建生态—生产—生活的新空间。

◎ 保护格局，从点到面，从绿心扩展到“蓝—绿”有序的网络。

◎ 紧凑发展，优化城镇空间，在绿心边缘建设城市郊野公园。

城乡协调发展以及城乡生态环境现代化是与整个地区的现代化密切地联系在一起的，它包括全人类的社会环境中的各种人文现象、自然现象和社会现象的总和。人类社会为了不断提高自己的物质、文化生活水平而创造的环境，如地区交通、房屋建筑、购物商场、娱乐场所、医院与学校、文化生活服务设施和历史古迹等等，都是城镇与农村社区的人工环境，不仅仅在于这些设施像现代城市一样能使乡村居民同样感到生活方便、舒适安全，更重要的是能鼓励人民去参与和推动现代新的生活方式和新的思想观念的建立，激励人们的创造性和想像力以及对美好未来生活树立信心，坚持城乡可持续发展的新路。

勤劳、质朴的江宁区全体人民在区委、区政府的直接领导下，乘着中国共产党建党九十周年的东风，勇于革新、敢于创造，在为江宁区美好的明天努力奋斗、锐意进取，描绘着江宁区的新春天。

链　接　8

高雄文化爱河流域计划

台湾高雄爱河曾一直以水流整治为主，疏忽了与文化的结合，虽然资金投入巨大，但成效并不明显。直到提出“文化爱河流域”计划，引入人文元素，才让爱河得以“复活”。

(1) 将河流整治、文化挖掘和建立友善的亲水空间与步行环境相结合，增加滨水地区的活力。爱河以河流整治为出发点，采用自然式驳岸设计，形成人性化缓坡河岸，并串连沿岸的历史博物馆、高雄美术馆和客家文物馆，为人们提供体验历史文化的场所；建立步行道与沿岸滨水步行带相连接，增强河流的可达性；组织“走河”、“河滨演唱会”、“河畔灯会”等亲水活动，增强市民与河流的互动；增加桥梁、沿岸建筑与水利设施的照明，亮化河岸步道，点缀节庆灯饰等。

(2) 通过滨河地区整治，“复活”河流魅力，激发传统街区活力，带动旅游业发展。“文化爱河流域”计划耗资 1 亿多元新台币“复活”爱河，改善滨水地区的人文环境，吸引人们的户外活动、旅游观光和文化体验，并成为 80%旅客的必到之地，焕发出高雄城市新的活力与魅力。

江宁区湖熟街道农民新居一景(摄影者：姚士谋、蒋锐)

江宁区湖熟街道附近新农庄建设风貌(摄影者：姚士谋、蒋锐)

篇五　和谐发展的新春天

和谐社会的发展是人类理想社会与人居环境建设的永恒主题。理想社会是以人为本、关注公平与正义的社会，也是城乡协调共同进入现代化的社会。为此，从城乡人居环境建设的角度，应努力加强社会保障，改善大众民生，满足不同人群发展的需要，搞好社会生产、生活的需求，促进社会事业全面进步，实现全体民众的共同幸福。

"全面发展，就是要以经济建设为中心，全面推进经济、政治、文化建设，实现经济发展和社会全面进步。协调发展，就是要统筹城乡发展，统筹区域发展，统筹经济社会发展，统筹人与自然和谐发展，统筹国内发展和对外开放。推进各个环节、各个方面相协调。"胡锦涛同志在中央工作会议上的讲话精神，为我们城乡统筹、构建和谐发展的新春天指明了方向。江宁和谐发展的新春天，简言之，就是指经济、社会、资源环境的协调发展，有利保护，它兼顾人口、经济、社会、资源与环境的持续发展，注重社会、经济与生态效益的高度统一以及人与自然的和谐发展。由此可见，统筹城乡发展的内容不仅指区域空间内的经济社会范畴，更是指在城乡经济与社会发展中的物质文明、政治文明和精神文明建设三个方面都要实行城乡统筹。

一、新型城乡发展的新面貌

《南京市江宁区的城乡统筹规划》明确提出：以城乡空间统筹为目标，寻求城乡空间功能的互补协作，不断消除历史上遗留下来的城乡二元结构及城乡差别的矛盾，实现江宁区由"城镇扩张"到"城乡统筹"的转变，在江宁区 1573 平方公里的土地上尽快实现城乡发展的新面貌。

《南京市江宁区城乡统筹规划》表明了我们的新思想、新理念和新做法：一方面需要考虑建设空间和非建设空间的关系，同时应依托区域关系进行协调和对接，此外还应结合规划区的现实发展条件和乡村聚落体系建设的目标，进行建设空间结构的布局，并最终落实到各类用地的结构性规划。将原有一万多个分散布局的自然村，逐步合并，形成有一定规模、人气兴旺的 2 192 个自然村或社区（江宁区 2011 年全部完成重点村庄的规划）。

在区域可持续发展目标指引下，结合江宁区土地资源的实际利用状况、生态保护要求和聚落体系的布局，依照资源保护要求、工程地质状况和适宜建设标准等多项约束条件，将全区用地划定为禁止开发区、限制开发区、引导建设区和城镇建设区。

通过划定以下四个类型区并有针对性地对各类区域进行空间管制和建设引导，推动空间结构优化和功能结构的完善，保障江宁区健康、和谐与可持续发展，尽快建成江宁区新型城乡发展的新面貌。

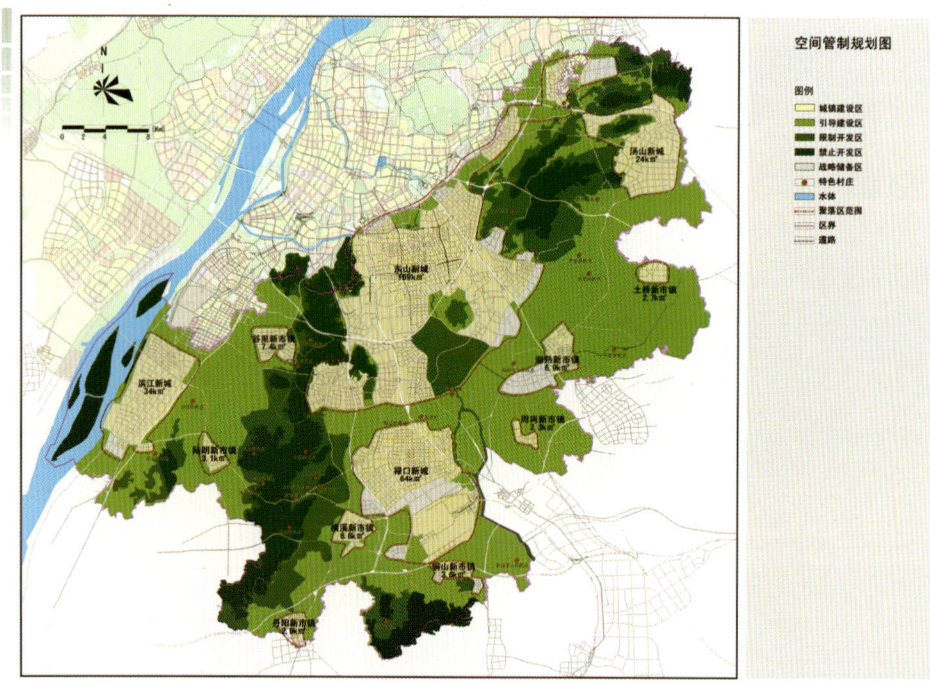

江宁区空间管制规划图

● 严格保护的禁止建设区

禁止建设区主要包括江宁区内的自然保护区、风景名胜区、森林公园与历史遗址，以及重要的湿地、饮用水源地和野生动物繁殖区及栖息地，全区有137平方公里。特别注意保护牛首山、汤山、青龙山、大连山、横山等地的森林公园、名胜旅游区以及农业生态园区湿地公园、生态廊道等，同时保护长江沿岸、秦淮河畔和九龙湖、百家湖的城郊公园等。

● 生态敏感的限制建设区

限制建设区主要包括江宁区内的洪水调蓄区、清水通道维护区、特殊生态产业园和系统稳定性差的生态敏感区。

全区限制建设区面积达317平方公里。在本区内除非经过特别程序审批通过的必要的国家与省市重大项目外，原则上不得在限建区内进行无序的开发建设。对限建区内保留的现状建设用地进行必要的环境整治和定期安全检查，严禁擅自进行改建与扩建。

● 具有生态意义的引导建设区

引导建设区共有725平方公里，包括林地、耕地、基本农田和园地、菜地等。

在引导建设区、开发区内，尽量保护、保留区域内生态用地，对已破损的生态系统要有计划地进行修复，调整区内生态组分结构，整体提升生态服务功能，控制城市建设用地进一步盲目扩张，在不危及区域生态系统安全的基础上，开展有引导性的适度开发，优化资源配置，发展生态产业。

● 城镇化地区的城镇建设区

为了南京大都市圈扩展效益规模，建设江宁区东山新城市，结合现代化城市与社会经济发展的需要，划定城镇开发建设区。全区有369平方公里，包括工业区、居民区以及其他城市功能区。该区域人口密度大，其建筑密度和经济密度高，也是江宁区城乡统筹的先行地区。

近年来，江宁区完成了具有全国意义的生态示范区创建工程，并通过了国家级技术评估。将有7个街道建成全国环境优美的街道，生态工程建设力度加大，启动实施了66项生态工程和生态示范项目，错落有致地布局在江宁绿色大地上，长久地吸引着国内外游人的注意。

二、新城市、新城镇与新社区建设

在二十多年前，东山镇是一个不起眼的农业县城的小镇，没有繁华的街道，也没有一个像样的公园，更没有一幢幢华丽的办公大厦和现代化的企业、公司大楼。在这个旧县城里仅仅集聚着3—4万人口。上了年纪的人们清楚地记得：这里的人民曾在乡村土路上辛勤劳作，也曾在东山镇那些破旧的小巷里奔忙；在那些杂乱的街道上购物，在那些破损的房屋中辛苦生活，在那些污染的河边淘米洗菜；还在荒山野岭上放牧。

改革开放后的今天，东山镇已经变成了南京市南部的一个崭新城市，值得大写特写的城市。就城乡建设而言，其发展幅度之大，是解放前后几十年，甚至几百年都难以相比的。

这一历史的进程、跨越式的前进，一度超越了人们的心理预期和想象，也超越了管理者的职业准备和领导者的思维，因为这毕竟是一项前人所未曾经历的宏伟事业。因此有一度遇到了发展的曲折与危机，有幸的是，较快地得到上级的调整，被引向有序的发展。在回顾改革开放30年的短暂历史，眼前出现的是城乡一片繁荣的景象，脚下所踏的是一片辉煌建设的热土。

东山副城

经过专家学者与各级领导多次的规划研究、建设者的辛勤劳作，江宁区东山镇与经济技术开发区共同形成了南京市的一个拥有40多万人的副城，有着方圆80多平方公里的建成区。东山副城未来的发展定位是：南京市的区域性综合服务中心和综合交通枢纽之一；南京市重要的教育科研、知识创新和高新技术产业、现代服务业集聚基地；充分体现南京大都市空间发展的特色（山水城林融为一体）的高品质综合城区，成为南京市域甚至南京都市圈三个区域增长极之一，疏散南京主城居住、就业压力的反磁力中心之一。再过20年，现代化的东山新城市将是名符其实南京的副城，城市人口将达到60多万人，建成区面积达到100平方公里。

南京城市总体规划和土地利用总规划的修编，给江宁区东山新市区的规划建设带来了新的机遇，不仅加快了东山新城的现代化建设，与南京市区更加紧密相接，而且加强了“以城带乡”、实现江宁区城乡统筹的新步伐。东山作为今后南京市的副城，重点在打造7.8平方公里的城市中心繁华区（河定桥、凤凰港、杨家圩、天印广场一带），加快推进南站广场、杨家圩等功能区的建设，尽快形成现代化的南京南站新市区形态，实施文靖路、同厦路等三纵三横的道路改造，加快实施“城中村”的连片改造，打造老城新形象。

东山新城一瞥（摄影者：张桦）

地铁高架（摄影者：徐旭东）

滨江新城

滨江新城是苏皖沿江城市带的重要结节点和江宁区西南部综合服务中心，南京都市区重要的装备制造业基地、港口物流、钢铁物流基地、旅游休闲基地以及江宁西部板块的经济增长核心。

滨江开发区（摄影者：徐旭东）

滨江开发区产业区（摄影者：徐旭东）

滨江新姿（摄影者：沈石驹）

汤山新城

汤山新城充分利用了沿沪宁交通走廊的区位优势和丰富多样的风景旅游资源，大力打造观光旅游、温泉休闲疗养以及会议度假休闲胜地，努力建设成为江宁区东北部地区综合服务中心和全国知名的温泉旅游度假基地。

翠屏华庭（摄影者：张孝培）

安基湖畔（摄影者：赖超英）

颐尚温泉（摄影者：刘少西）

禄口新城

禄口新城依托毗邻航空港的战略优势，重点发展物流、商贸和汽车零部件加工业、航空制造等临空指向性的制造业，构建区域性交通枢纽，打造国际空港的优势，建成南京市以空港物流产业为特征的南部新城、现代化空港制造业基地、江宁区南部地区综合服务中心。2010年南京禄口国际机场国内外旅客的年吞吐量已达1200多万人次，为国内前15位的干线机场。

空港工业园（摄影者：李怀骐）

以城乡统筹为江宁区的区域发展战略，除建设东山副城和以上三个新城外，还要加强乡村城市化的建设步伐，构建和谐江宁的新格局。此外，还要规划建设横溪新市镇、湖熟新市镇、谷里新市镇、丹阳新市镇、陆郎新市镇、铜山新市镇、周岗新市镇和土桥新市镇以及一大批具有社会

广阔天地，也是我们人类工作、生活与休闲旅游的自然空间。日本的以及台湾地区的农村振兴、改造的经验值得我们学习。

链 接 10

日本农村建设与整治(规划决策)

日本农村建设整治的特点在于:

(1) 村庄统一规划，整合住宅用地，兴建较为集中的农村居住社区，改变分散居住的农村住区特点，从而降低基础设施建设成本。

(2) 注重农村市政设施配套、生态环境保护与建设。农户可以通过申请向市政管理部门要求配套市政设施。而对农村地区污水、固体废弃物的有效处理，则提高了农村居住条件与生态环境质量。

(3) 20 世纪 70 年代以来实施的“造村运动”注重突出村庄特色，推进农业产业化经营，并加强对农民的培训和人才培养，有助于提高农民整体素质。

(4) 采取各项政策措施保障建设顺利进行:包括在土地开放的基调下日益强调规划控制政策，明确建设投资分工政策以及严格的自然环境保护政策等。

链 接 11

台湾传统产业的振兴与转型

20 世纪 90 年代台湾传统产业面临劳力、人才流失严重，生产成本增加等问题，传统产业长期不受台湾当局重视，经营环境恶化。为避免内需产业“空洞化”，台湾当局先后采取一系列振兴传统产业的措施，以挽颓势，主要包括以下三方面:

资金扶持: 1. 引导中长期资金投资传统产业资产重置型基金。2. 提供传统产业技术升级优惠贷款。3. 制定税赋奖励及配合机制，减轻企业负担，提升竞争力。

鼓励技术研究: 1. 运用“科专”计划，每年投入经费补助传统业者进行共通性技术研究，提高传统产业开发新技术意愿。2. 责成育成中心及研究中心机构协助传统产业研究转型，协助传统产业厂商进驻开放实验室及育成中心。3. 推动加工出口区转型，发展仓储、转运等关联产业，扩大境外航运中心经营范围。

奔向未来，实现现代化，提高农民的现代生活方式与文化素质，加强城乡关系与市场运作的专业水准，就是繁荣农村经济的基础。近几年来，江宁区的农村经济发展非常迅速，2007 年实现农村社会总产值 418 亿元，同比增长 20.2%。在社会总产值的各行业贡献率中，农业生产所占的比重越来越低，2007 年为 10%；而乡村工业与建筑行业呈现逐步增长的态势，2007 年分别高达 60% 和 11%。农民的纯收入一年一年地增加，2009 年突破万元大关，达 10080 元，年增长 11%，2010 年农民纯收入达到 1.2 万元，这也是农村经济繁荣的一个反映。随着农村经济的繁荣，产业结构也开始向都市化转型，目前，整个江宁农作物播种面积为 111.3 万亩，其中：粮食作物播种面积有 53.0 万亩，占 48%；油料合计播种面积 18.0 万亩，占 16%；瓜果类播种面积有 6.1 万亩，占 6%；蔬菜播种面积 28.1 万亩，占 25%（总播种面积中，全区优质水稻种植有 30 万亩，优质油菜种植面积有 21.3 万亩，优质三麦种植面积有 21.6 万亩）。江宁区已经成为南京市乃至江苏省的重要农业基地，也不断地向现代农业迈进。全区已建成和培育了部省级无公害的农产品 85 个、绿色食品 57 个、有机食品 20 多种，为广大城乡人民提供了优质的都市农业产品，繁荣了城乡经济。

江宁区横溪街道台湾农民创业园区现规（面积 81 平方公里）

现代农业园区
（摄影者：
姚士谋、吴恒志）

三、搞活建设农村的新思维

历史上的江宁乡村以传统农业、封闭型农村为主，生产落后，缺乏生气，没有亮点，进步太慢，农民得到的实惠也太少。

常言道：无农不存，无工不富，无贸不活。农业是基础，始终是城乡经济发展的根基。改革开放三十多年来，随着江宁统筹城乡的规划实践，江宁的城乡经济很快活跃起来了。当然江宁并没有“克隆”工业化时代美国式大农场经营的路子，也没有“硬套”日韩式高密度、高集约化的现代农业的模式，而是借助了市场经济的机制，抓住了城乡统筹的关键，从农业走向工业，将转移剩余劳力进城进镇的过程与民智开启同步。江宁人清醒地认识到，农业是基础却不是关键，无论是农业基础良好的地

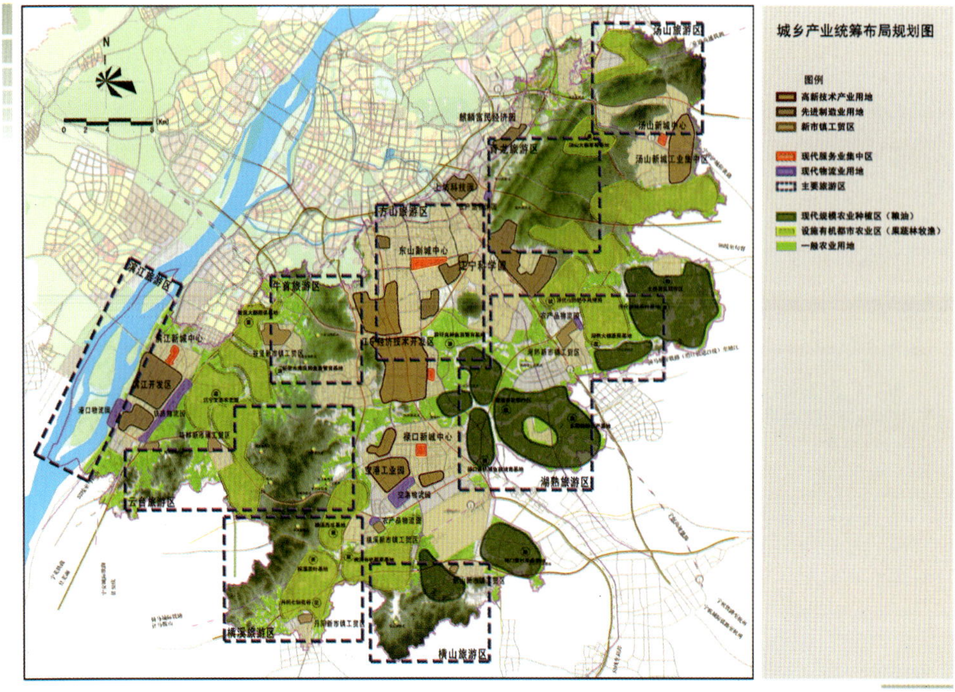

江宁区城乡产业统筹布局规划图

方（如湖熟、上坊、秣陵、陶吴、江宁镇等地），还是农业禀赋平平的地区（南部山区横溪、小丹阳和铜山等乡镇），整个地区若想富裕，实现小康，要避免传统农业单打一的农业思想，而要有亦工亦农和大力发展区县工业、外向型工业、加工工业的新思维。对于农业基础良好的地区，“给之艳羡而后活”；对于农业条件较差、仅仅温饱有余的地区，要“置之死地而后生”。如今，江宁区那些富裕地区的农民常常说：城乡统筹，发展工业，搞活农业，天天过小康生活，才是我们农村走上城乡繁荣的好办法啊！

四、设施农业初具规模，经营管理不断科学化

有山有水、富饶美丽的江宁大地，由于区政府和广大新一代农民每年都不断学习中央一号文件，不断加强发展农业、建设新农村的思想观念，学习国内外的先进经验，瞄准了发展现代农业的大方向，又为江宁区的城乡统筹增添了新的画面。江宁区 2009 年全区累计设施农业面积达 8 万亩（2010 年增加到 9.6 万亩），复种面积 25 万亩以上，比较现代化的

设施农业每亩平均的经济效益高达8000元以上，设施农业产值达7.6亿元。围绕江宁的区位、资源、技术和科技等优势，经过十多年的精心培育与全新建设，形成了蔬菜、西甜瓜、果品、畜产品和优质米等五大产业优势，并以蔬菜、食用菌、西甜瓜、草莓、优质米、奶牛养殖、水产养殖园区、花卉苗圃等基地为重点，形成了一批特色农业基地，星罗棋布地镶嵌在1500平方公里的土地上。

在绿色的江宁大地，一年四季花红草绿、稻香鱼肥。春天横溪、小丹阳、铜山的万顷油菜花，一片清香可爱；夏日的西甜瓜供应给南京上百万人品尝；秋天的稻香肥牛为南京各大小农贸市场增添新品种；冬天的果实与多种水产为市民餐桌生辉增色不少。江宁人勤劳创新、勇于试验，江苏、浙江、安徽等省的客商常来光顾江宁，为市场添新气象。如今，在江宁的新农村中，人人都可以如数家珍：邻近的外乡人不少租地种地，与江宁人一起奋斗，可以看到谷里街道建成了8000多亩的设施大棚蔬菜珍品基地，汤山龙尚等村建成了3000亩的设施大棚草莓基地，秣陵也建成了500多亩的优良品种草莓生产基地，汤山街道锁石村等建成了1000

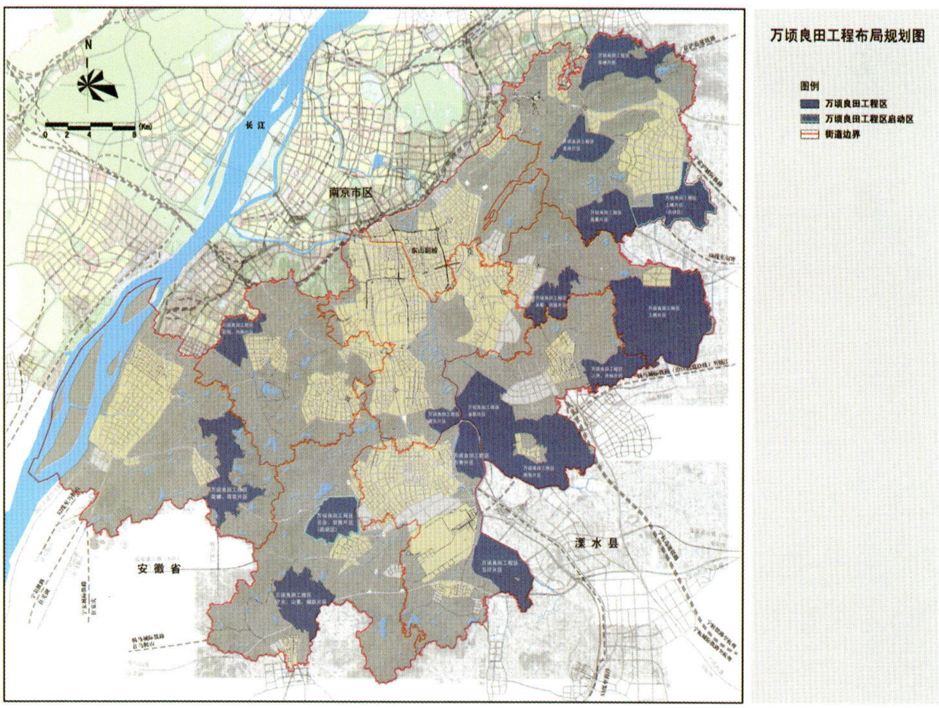

江宁区万顷良田工程布局规划图

多亩的设施农业休闲观光基地，汤山潭龙湖也建成了日产 25 吨的豆芽菜生产基地，湖熟、横溪、铜山等地的优质大米生产基地，也是远近闻名的，还有横溪、秣陵、谷里的食用菌、西甜瓜以及花卉、苗圃基地都是大家所熟悉的农业高产之乡。

江宁还有新开发的茶叶、林果和苗木花卉的种植，年产值突破 4 亿多元。特别是横溪以许呈、横山、红旗、山景、西岗、许高等 6 个新村为重点，连片开发了优质茶叶的种植，面积已达到 2 800 多亩。禄口街道还有江苏省级现代化渔业生产基地，横溪、汤山还有梅花鹿养殖基地和扬子鳄的养殖基地。如今的江宁到处呈现一派新农村、大农业、设施农业、都市农业、有机农业与绿色农业的新景象。

五、乡村旅游，开辟了城市居民休闲旅游的新天地

江宁区不仅新城区的规划建设日新月异，城镇繁荣昌盛，人民生活日益富裕，每年的变化越来越大，而且在广大农村的天地里，涌现出许多新农庄、新民居，农民传统落后的生活方式不断得到改造和更新。

如今，江宁农村新的居民村庄与新的社区，星罗棋布散落在江南大地上。改革开放以来，江宁区不仅工业生产与各类开发区欣欣向荣，分布在城乡广阔的土地上，而且以农业生态为主的乡村旅游近几年来的发展也很快，处处引人入胜，不断提升江宁农村的新面貌、新品位。江宁的乡村旅游，资源丰富，文化内涵深，社会活动与城乡交流日趋密切，其类型也很有特色：在江宁的东北部有驰名全国的汤山温泉；中部地区名山广布，牛首山、祖堂山每年都吸引着苏南地区大批游客；还有靠近南京市的青龙山、百家湖以及滨江花园等等，都是游人向往的城郊旅游胜地。江宁区各地风景名胜、绿色原野和道路网格绿化，成了南京大都市地带的后花园与生态屏障。江宁农业旅游业发展潜力大，主要的农业旅游景区包括了千盛农庄、南京市蔬菜科技园、山田牛奶园、上庄园等 4 个 AA 级景区，还有牛首山、祖堂山、将军山等地的农家乐、山野公园和历史文化古迹，吸引着广大游客每年到这些地方参观访问、旅游休闲，品尝地方文化的风韵与访古寻踪。

江宁区九大旅游区

江宁区主要农业旅游景点

剪　影

● 百家湖畔春意浓

百家湖位于江宁开发区的中央，弯弯曲曲、美丽多姿的秦淮河从东面和北面环绕过来，南面还有一条涓涓细流——牛首山河从旁绕过，再南面就是湖面宽广的九龙湖，江宁区一个值得骄傲的大学园区（占地3 500亩）——东南大学新校区落户在此。

更值得一提的是，临近白龙大桥畔的百家湖南侧，碧波荡漾、风光旖旎、山水一色，如果你划一只轻舟在湖面，不经意间，你会发现：这儿冒出了几只黑亮亮的头，那儿又忽地不见影儿，那是野鸭子在水中嬉戏，它们似乎也已把你当成了朋友。

还能进入湖中的小岛，而岛中居然又有人工小湖、小山，现在虽然变成了“城中湖”，但闹市中仍然有天然的清净处。湖边的广玉兰、海棠、樱花、香樟、茶花等，还有甚至叫不出学名来的其他花种，片片相连自成一体。这边，香樟林绿意正浓，一排排挺拔着，迎接着春风；那边，楠木林似乎还沉睡在冬天没有醒来，仔细近瞧，枝头已鼓起一粒粒绒绒的芽，此时，你忽然不敢抬起脚步，生怕打扰它的宁静。

● 国际温泉城的绚丽华章

江宁区的汤山位于南京市区的东面，地处在江宁与句容的交界处。作为长江三角洲乃至全国最具魅力的高端休闲新城，汤山国际温泉城努力通过“上海世博会”这个世人瞩目的平台，进一步塑造汤山国际温泉城的优雅品牌。以科学发展观为统领，以加快推进产业项目开工建设为核心目标，全面对接上海世博会，以高品质基础设施和景观建设坚定投资商的信心，以高效率宣传推广促进招商业态进一步丰富。目前汤山豪生酒店、台湾口岸休闲度假村、丰威洲际酒店等面向亚太地区的豪华酒店都在开工建设，在1—2年内可以投向市场。这些都激励着汤山国际温泉城的步步前进！

在上海世博会后，为了服务南京青奥会，对于未来，汤山国际温泉城有着更高的发展要求。今年，这片土地将初步形成旅游休闲度假区的功能和形态；而到2014年南京青奥会开始时，将基本建成为全国最大的集度假、游乐、饮食、健康保健、会议会展和专题旅游于一体的高端美丽舒适的温泉度假区，客房总数达上万间，年游客接待能力达到上千万人次，将为江宁奏响绚丽华章。

● 牛首山里美如画

位于南京市区南郊与江宁区西片接界之处，是江宁区重要的旅游开发区，人们来到这里就会深深感受到大自然所提供的天然、清净、舒适的休闲环境，一派原始风貌。这里，山深林密，秀峰相连，竹林如海，远离喧嚣，却又流淌着岁月的痕迹。扑面而来的，是亲切的甜蜜；飘忽而至的，是朦胧的记忆和莫名的温馨。这便是南京人常常称之为"天然旅游胜地"的牛首山，并与祖堂山连成一片。

驾车或乘坐郊区专线公共汽车，在宽阔的将军大道或宁丹公路上行驶仅需40多分钟，就可抵达牛首山风景区。在这里，人们可以景仰南唐二陵和航海家郑和之墓，但更多的人都喜欢这里的大自然风貌与农庄田园风光。来这里旅游的人，个个都兴致正浓，欢笑天地之间。这里的山青绿一片，那边的水潺潺流淌；林间田地上那些散养的鸡鸭，扑腾着翅膀追打，似乎也感受到春天的气息；翠竹葱茏风姿绰约，处处宛如一块天然翡翠。牛首山啊，真是我们江宁人喜欢的好去处。

● 亲水别墅，临水居所

亲水，是人类生存的选择，也是人的天性。水的灵动飘逸，为我们提供了一个心灵的栖息之所，一个与自然交融的精神乐园，让人永远保持生活的灵感和工作热忱执著的原动力。

今天，在全国那些美丽幽静的城市居所中，都有许许多多亲水建筑，临水住区。江宁在城乡统筹规划的新形势下，决策者与规划师们在江宁大地上构建了许多环境幽美、近水近湖的村庄与民居，江宁开发区起步时，有百家湖、秦淮河畔、九龙湖等。近几年来又在汤山、横溪、滨江、东山和湖熟等地，开发了许多舒适、大方、环境优美的居住小区。尤其是那些亲水民居、湖畔别墅，不仅有农村风光的清新空气与绿色农田，而且从不同自然角度构建不同类型的居所。诗意栖居，在水一方，将农田与湖泊的自然景观与民居结合起来，工作之余，可以品味水边的灵气，用心体

会水的波光，水的内涵，感受农庄静谧生活的福祉。

● 石塘竹海及前石塘村新貌

前石塘村位于横溪西南部，占地面积约 300 亩，有农户 108 户，因地处石塘竹海生态景区，环境优美，景色宜人。

石塘竹海，深藏云台山脉内，在山水相连的苏皖边界，拥有万亩面积，相传竹子是在唐朝时代栽植的，两边翠峰高耸，终年云雾萦绕，农家小楼点缀其间，沿淙淙泉水而上，清风徐来，气柔涧静，让人好不惬意，一直以来受到周边城市市民的关注与喜爱，自驾游者络绎不绝。有人这样描述石塘竹海：

春来了，满山遍野一片青绿，
旅游季，万绿丛中一点红，奇花异草展新姿，
江宁区南片的横溪石塘，村头山腰种满了竹林；
山村田野阵阵春风细雨，点缀竹海绿原更美丽。
这边是茶山连绵千亩，那边是竹林蜿蜒漫山万片；
春天雨露风和日暖，风光好，
农民采茶育林盼竹长；
农家姑娘编织采笋赶集忙，
秋日丰收家家户户过小康。

清新、幽静的石塘竹海

街道为使生态资源变成发展资本，于2008年对石塘村进行了全面规划，并与科赛公司联合对该村进行了改造，修建了停车场、村中道路、村口广场、污水管网等，对农房进行改造，对沿河环境进行整治，使之具备了“农家乐”对外开放的条件。去年西瓜节期间，横溪在石塘竹海旅游

石塘村新农村建设风貌（摄影者：姚士谋、吴恒志）

依山傍水、别具一格的石塘村民居风貌（摄影者：姚士谋、吴恒志）

专业村举办了开村仪式。该村在景点打造上，结合石塘竹海自然风貌，以整合资源、民间文化、人文改造为主，保持原有的自然生态本色；在集中对农户房屋改造上，以徽派外型为依托，使之深藏于深山竹海，别具一格；在农家乐打造上，除对开放居住餐饮的农户环境精心改造外，还集中培训农民学会旅游经营，推进农业休闲旅游，为游客提供了一处休闲度假的好去处。该项目目前正在进一步推进山间水系及园区道路建设。在这里，游客可以吃到农家自己种的无污染蔬菜以及最天然的竹笋、小野笋、农家土鸡、土鸭、土鹅、五彩豆腐等最有特色的农家菜；购买到正宗的本地特产，如笋干、茶叶、土鸡蛋等特产；游客还可以参与农事活动，如采茶、摘菜等。

● 浮光掠影走丹阳

横溪丹阳集镇有2200多年的历史，自秦至唐均为郡县治所，边贸重镇，自古繁荣，现为横溪街道所辖。丹阳集镇上的大多数市镇建筑为上世纪所建，因年代久远已失去了往日的风采，由于地方经济比较薄弱，对丹阳集镇的改造进展一直较为缓慢。2009年底，丹阳集镇改造得到市、区领导的高度重视，并给予了政策资金支持，2010年初，街道围绕“省界窗口，边贸重镇”的要求，对2公里长的宁阳大街实施全面出新改造，这项工程投资8000多万元。投入450万元，重新铺设污水管网3120米，彻底改变了过去突降大雨积水无法及时排除的尴尬局面；投入500万元，对占地15亩的老停车场进行改造，新建办公用房1300平方米，新建广场8700平方米；全部按照重城市化、特色化的理念出新，出新街面56000平方米，道路也将从主街路面、下水配套、人行道、绿化等方面全面改造，改造投入达5200万。改造按照徽派与明清建筑风格，从马头墙、门楣、雕饰到标牌装饰等，均体现出丹阳文化特色，使丹阳集镇既散发出古色古香，又体现出现代小城镇气息。在整个改造中，结合商贸繁荣、居住优美的集镇发展目标，投入900多万元，重新设计建设改造3300平方米的七仙广场，新更换及安装245盏路灯，在街道两侧栽种行道树、铺设道板砖及草坪，从而让这座古老的名镇再次展现出勃勃生机，使其成为苏皖边界上一道亮丽的风景线。

链 接 12

英国环城绿带

英国是最早进行环城绿带建设的国家，其环城绿带建设已成为世界各国的典范。1972 年，雷蒙·恩温在编制大伦敦区域规划时建议用一圈绿带把现有的城市地区圈住，不让其向外发展，而把多余的人口和就业岗位疏散到一连串的“卫星城镇”中去；“卫星城”和“目城”之间保持一定距离，一般以农田和绿带隔离，但有便捷的交通联系。1932 年英国以法律的形式规定在伦敦外围建一个“绿带”，并划出 100 多平方公里的土地专门用作“绿带”。1938 年英国颁布了《大伦敦环城绿带保护法(Green Belt Act)》，而明确的概念则是在 1947 年《英国城镇与乡村规划法》中形成的，确定在伦敦市区周围保留宽度为 13—14 公里、面积为 5 780 平方公里的环城绿带用地。并从1944年环绕伦敦城建起了一条宽约 10 公里的绿带。伦敦环城绿带对引导城市格局形成与建成区的有序发展起到了重要作用。它既可作为伦敦的农业与游憩地区，保持原有小城镇的乡野风光特色，又可抑制城市过分扩张。绿带中不准建筑房屋，不设新的居民点，并对原有的居民点控制发展。截止 2002 年，英国共有 15 个城市设立了环城绿带，规模达 16 800 平方公里，占国土面积的 24%。

链 接 13

德国鲁尔区域绿带

德国鲁尔区区域绿带长 80 公里，面积 300 平方公里。该绿带以恩瑟尔河流域为主轴，用步行道和自行车道串联 17 个都会绿地和 19 个景观公园(包括自然景观公园和文化景观公园)。通过政府和民间的一系列环境再造与文化培育具体措施，鲁尔区区域绿带为居民提供多样化的休闲生活设施，它已经成为鲁尔区居民户外休闲生活的一部分，大幅提升了整个地区的生活品质。通过建立为数众多、富有特色的生态旅游设施，吸引许多新兴产业进驻，从而促进整个鲁尔区域的复兴。

六、江宁新农村建设的亮点

走进江宁新农村，可以看到社会主义新农村在城乡统筹的规划建设大潮中的缩影，闻到城乡吸引投入、共同开发、共同创业的气息，捕捉到那些令人感动的城乡新貌巨变的瞬间，还可以在城乡四通八达的各级公路上驱车，去欣赏城镇新区、街道村庄的诗画意境。走入寻常百姓人家，步入街道一些石板路中的小镇古巷，体验今日江宁的城乡一体化种种业绩与乡村建设的亮点。

锁石村

锁石村位于中山门外、青龙山脚下、世界之最的阳山碑材旁，总面积6 800亩，其中耕地面积1 380亩，辖3个自然村421户居民，户籍人口1 602人，外来人口1 475人。2008年实现三业总产值4.15亿元，村级可支配收入993.5万元，农民人均纯收入18 560元。2010年全村的三产总值又上了一个新台阶，农民纯收入超过2万元。曾连续十三届获得南京市综合实力“百强村”，2008年获市“百强村”第八名，江苏省文明村、生态示范村、廉政文化示范村、康居示范村、卫生村、文明标兵村，连续三届获全国文明村、全国美德在农村示范点、全国尊老敬老模范村、全国农业旅游示范点以及国家AA级旅游景区等多项荣誉称号，2006年被评为“江宁区十佳新农村建设先进单位”第一名。

锁石社区在新农村建设中，围绕科学发展、人文建设、注重特色的理念，近几年来投入近2 000多万元，建设了锁石农业生态旅游村，打造了大门楼、东篱园、大风车、明代石雕、清泉亭、清风亭、爱莲池、水车广场、休闲会所、农家乐团队等景点和项目，购置了4辆旅游观光车，建设了千亩农业示范园，园区种植划分为蔬菜种植、花卉种植、草莓种植、食用菌种植等四大功能，让广大市民和游客观光采摘。目前，锁石农业生态旅游村已获全国农业旅游示范点和国家AA级旅游景区。此外，还落实了一批农民向往和喜闻乐见的基础配套设施，如：农民文化宫、图书馆、网球场、篮球场、农民网吧、休闲广场和文化活动室等。2007年7月全国美德进农家现场会在社区农民文化宫举行。

走进锁石村的新大门

农村大棚作业一景

村中水车即景

游客乐而忘返

新修的村道

锁石社区服务中心

汤山现代公共服务设施

在科学发展、建设新农村的同时，锁石社区注重规划和投入，彻底改变了农村脏、乱、差的现象。先后共投入800多万元，实施了村庄改造工程，清理卫生死角，改水改厕，新建水泥道路，对主干道、巷道安装路灯、栽种苗木，美化、亮化、绿化新农村；对使用多年、年久未修的河塘实行清淤工程，全村28个河塘已全部清淤，真正达到了河面清洁、河岸整洁。目前，锁石村415户农户已有近400户农户安装使用了太阳能，太阳能覆盖率达95%；为配套农业生态旅游村项目，新建的贵翠缘休闲会所设有游泳馆和洗浴间，全部实行地热装置，降能节耗、节能减排；锁石社区现有一次性可供400人洗浴的浴室，计划再投资72平方米的地热装置，进一步方便村民洗澡，实现节能环保，使生态保持自然。2008年锁石社区在全区农村范围率先投入新建了农民生活污水处理站，处理范围涉及300户以上，网管、沟渠长达5000米。社区还有6幢奶牛公寓，奶牛存栏总量400余头，为解决牛屁股的问题，新上了一条厌氧渠槽式奶牛粪便处理生产线，通过该生产线处理后，产生的沼气可供近100户农民生活所用，沼渣、沼液都是无公害有机肥，全部返回到农业示范园区内，确保了疏松土壤、提高产量、增强有机食品的含量。

彭福村

彭福村位于江宁区禄口街道东南端，秦淮河畔，全村总面积 2.34 平方公里，种植面积 1738 亩，水面积 454 亩，辖 8 个自然村，8 个村民小组，368 户，1313 人。2008 年彭福村实现三业产值 2.8 亿元，集体纯收入 828 万元，农民人均收入 12800 元，2010 年农民人均收入超过 2 万元。

彭福村在党支部书记、全国劳模沈庆喜的带领下，面对地处偏僻的现状，坚持从实际出发，使集体和个体经济共存，以谋求更大、更快、更好的发展，实现富民强村的目标。相继获市、区“文明单位”、“综合实力‘百强村’”、“小康示范村”和省“农村现代化先行示范村”、“江苏省百佳生态村”等荣誉称号。2007 年创建省级“康居示范村”、“卫生村”和“科普文明村”、国家级“科普文明村”，全国“敬老模范村”。

彭福村近几年来村民的社保已全履盖，村的基础设施也达到了江苏省要求的小康水平！村民们住着舒适愉快的乡村别墅，过着富有特色的农家民居生活，生态环境和村民的居住条件十分优越。

禄口镇彭福村（摄影者：黄德海）

彭福新农村一角

彭福村村民的民居和福利设施(摄影者:黄德海)

彭福村村委会

文化走廊

面对地理自然条件和农业生产基础差的状况，彭福村全面实施小流域综合治理，进行沟渠标准化、土地平整化、耕种机械化、种田科学化、排灌系统化建设。全面进行农业产业结构整治：钢架大棚反季节蔬菜、花卉苗木种植、家禽、水产类养殖，全面改善农业生产条件。

彭福村加快工业经济的发展，先后组建了建筑公司，引进了盛佳制衣、布莱克精细化工、云阳机电等 8 家企业落户，解决就业人员 260 多人。集体经济规模不断壮大，个体私营经济蓬勃发展。2007 年新建标准厂房 5 000 平方米，为引进企业进村落户打下基础。

彭福村把改善村容村貌、提高村民的生活质量作为农村工作的中心，先后建四层综合办公楼 1 幢、农民住宅楼 285 幢，其中：农民住宅别墅 128 幢，商业门面楼 28 套间。为方便群众购买物品、办婚庆酒宴，建农家超市、餐厅各 1 幢，铺设全村 5—10 米宽的水泥路 16.8 公里，主干道架设路灯 132 盏。利用沼泽地挖占地 165 亩蓄水量 30 万立方米的蓄水库 1 座和自来水净化配套设施，提高村民饮用水的质量。开展“双清双美”活动，以旧村改造和新区建设相结合，治理脏、乱、差，营造洁、净、美，建立垃圾箱 28 个，新建标准公厕 9 座，改厕 330 户，垃圾处理场 1 个。建景观大道 500 米。创造健康向上的精神文化氛围，建占地 10 400 平方米的社区活动中心和老年学校，室内、外健身娱乐器材一应俱全。建占地 6 600平方米、建筑面积 1 600 平方米的社区医院 1 座。为了节约能源方

彭福村休闲广场（摄影者：黄德海）

便村民，建秸秆沼气配套设施。全村实现自来水、秸秆沼气、程控电话、有线电视、太阳能、广播入户率分别为100%、95%、95%、98%、85%、100%。村合作医疗、社会保障、治安防范、计划生育、幼儿入托、学龄入学，争先创优活动均为100%。电脑入户率70%，基本养老保险率81%。2008年建立农业旅游观光配套设施，为彭福村农业旅游打下良好的环境基础，争创全国农业旅游示范点。

彭福村坚持生产发展、生活宽裕、乡风文明、村容整洁、管理民主的要求，为加快建设，逐步向“五业一新”发展，即：扩大农业经济型产业、巩固建筑劳务业、壮大畜牧水产养殖业、引进项目办企业、逐步建成观光旅游业，集中力量建好社会主义新农村。

周里村

周里村位于秣陵街道南端，宁铜路穿村而过，与禄口街道接壤，总面积3426亩，共有11个自然村，1083户，3568人。2008年实现三业总产值3500万元，村集体可支配收入389万元，农民人均收入9640元。先后荣获省生态村、省卫生村、省村庄综合整治试点村、市绿化新村、市文明村等称号。

周里村幼儿园

周里村村民卫生站

周里新农村面貌(摄影者：蒋锐、姚士谋)

周里社区服务中心

近年来，周里村加大了基础设施建设和公共设施建设力度。新建村级道路 24 条，全长 14.9 公里，全部为水泥路。建有垃圾池 23 座，厕所 760 间，自来水入户率、改厕率达 100%，建成了日处理能力 300 吨的污水处理站，使生活污水得到有效处理。建成日供气 400 户的秸秆沼气站，既方便了农户日常生活，做到集中收集秸秆，又清洁美化了村庄，供电、电讯、有线电视等设施齐全，建有服务功能齐全的综合农贸服务超市、村卫生室、文体活动中心及村民休闲健身广场，满足村民日常文化生活需要。

田园村

田园村位于淳化街道的南部，靠近宁杭高速公路，与南京、东山均联系方便，附近还有一个山田牛奶场，是具有田园风光特色的小村庄。这里不仅创建了几个蔬菜、果品种植基地，夏秋季节，农副业产品丰富，农民收入年年提高。近年来，村中的民居几乎翻修一新、别具风格。同时又创办了有一定规模的牛奶场。虽然大多数青年农民进城打工，农忙季节返家务农，具有兼业农民性质，但这里的现代农业都市农业又吸引着邻省一些农民在这里创业。田园村那种城乡统筹的新风貌，深刻地反映着江宁新农村变化的一个缩影。这里大多数农户生活富裕，人均年收入在 8000 元左右，百姓农庄居住水平较高，自然风光秀丽，生活环境优越。

专家考察新农村建设（摄影者：姚士谋、蒋锐）

田园村的新农村面貌
（摄影者：姚士谋、蒋锐）

江宁区淳化(苏庄—田园村)水乡建筑风格

与美丽的田园风光(摄影者:姚士谋、蒋锐)

链 接 14

韩国新农村建设

韩国是亚洲农村现代化事业卓有成效的国家。在20世纪70年代初,韩国政府把农村开发列为国家发展战略,开展"新农村运动"。1973年,政府对乡村进行分类整治:基础村,继续改善生活环境,培育自助精神;自助村,改良土壤,疏通河道,改善村镇结构,发展多种经营,扩大农业收入;自立村,发展乡村工业、畜牧业和农副业,鼓励和指导农民采用先进技术,制定生产标准,组织集体耕作,建立标准住宅,修建简易供水、通讯和沼气等生活福利设施。

篇七　精心管理的新效应

江宁区委、区政府提出：用5—10年时间，着力打造具有国际竞争力的现代化产业基地、科教领先的自主创新基地、区域性重要的交通物流枢纽城、环境优美的康居宜业生态城，努力把江宁建设成为实力雄厚、城乡协调、文化繁荣、人民幸福的南京现代化新市区。

地方政府职能转变是指地方政府的管理职能和基本任务的转变。它至少应包含几层含义：第一，地方政府职能内容发生的转变。主要是指政府的政治、经济、文化、社会等职能具体管理内容转变，与当今社会发展相适应，其中一些职能内容的范围在逐渐缩小，而一些职能内容的范围在不断扩充和深化。转变的核心目标是满足本地经济社会发展的需要。第二，地方政府履行职能的方式发生的转变。这指行使职能的方式将由政治性、行政性、命令性、直接性转向经济性、法律性、服务性和间接性为主，这是由我国社会转型决定的。第三，地方政府职能重心发生的转变。它指政府职能结构的重心由一个职能转变为另一个职能的过程，其他职能并不是消亡，而只是相对弱化。计划经济时期，地方政府职能的重心在于“管理”。目前，地方政府职能的重心在于“服务”。

在城乡统筹建设的新形势下，强调将城市和乡村作为一个整体进行治理，地区发展规划和政策制定时不再将城市和乡村看作相对独立的个体，而需考虑两者的协调。江宁区政府的行政管理和地区治理的思路在此背景下也与时俱进。区政府运用科学的管理手段和工具进行城乡统筹发展规划；各层级的行政主体和权力主体不再是至上而下的命令式管理模式，而是实施社会管理，建立由上级政府、地方政府、群众、企业以及社会组织组成的多级管理体系。上级决策主体进行角色转变,以引导、支持和服务为主,增加基层权力主体的话语权和决策权;地方政府招商引资不但要考虑城市的发展,而且要考虑未来随着城乡一体化进程的不断前进,引进的产业和企业能否适应地方发展的战略目标。

链 接 15

胡锦涛总书记最近在省部级主要领导干部社会管理及其创新专题研讨班开班式上指出:社会管理是人类社会必不可少的一项管理活动。在我们这样一个有13亿人口、经济社会快速发展的国家,社会管理任务更为艰巨繁重。我们加强和创新社会管理,根本目的是维护社会秩序、促进社会和谐、保障人民安居乐业,为党和国家事业发展营造良好社会环境。社会管理的基本任务包括协调社会关系、规范社会行为、解决社会问题、化解社会矛盾、促进社会公正、应对社会风险、保持社会稳定等方面,做好社会管理工作,促进社会和谐,是全面建设小康社会、坚持和发展中国特色社会主义的基本条件。

(人民日报·2011-02-20·1)

链 接 16

江宁区城乡规划经验在全国性会议上交流

城乡的发展离不开规划的引领。对江宁来说,严肃而科学的规划,是这片土地走向高端发展、可持续发展的基础和保障。

对此,副市长、江宁区委书记李琦多次强调:要进一步探索城乡规划管理的新机制,实现规划编制的科学化、规划内容的法制化、规划管理的统一化、规划执行的程序化、规划监督的公众化,从而形成一套科学严谨、行之有效的规划管理机制。

(聚焦规划管理的“江宁模式”. 南京日报·2009-08-31·A1)

一、科学管理,精心编制、实施新规划

历届江宁区政府领导都具有科学规划的新理念与规划素质,他们早就提出了“规划是最大资源”的新理念,并对江宁区的各个层次规划(从总规到详规到城乡统筹规划)做出了新的部署。坚决执行《城乡规划

法》，落实各项规划要求与措施。他们一向坚持规划的“龙头”定位，大力提高城镇规划水平，确立规划是最大资源的思想，用经营城市的理念来规划城市，实现城市资源效益的最大化。城市的现代化首先是规划的科学现代化，要在南京全市域规划的指导下，找准江宁的功能定位，以现代化水准优化城市布局，形成鲜明的功能区域。在规划布局中，按照国务院与省政府的要求，做到三个集中，即工业项目向园区集中，城市开发向新市区集中，大专院校向大学城集中，追求规模和集约效应。

《城乡规划法》的实施，对城市规划和村镇规划的形式和内容进行了整合，也为城乡统筹发展理念运用到城乡规划中去，科学合理地指导城乡建设发展提供了法律依据。加之《物权法》、《行政复议法》等相关法规的出台，也为城乡规划的编制、实施的具体环节提出了新的考验。

江宁区在成功应对金融危机的不利影响、实现经济平稳较快发展的同时，城乡统筹发展的步伐进一步加快，构筑了城乡一体化发展新格局。与之形成互动的是，坚持规划先行，严格管理，编制了一系列新规划。江宁区被国家住房和城乡建设部正式批准成为“城乡统筹规划”的全国试点单位之一。这项试点是在宏观经济转型和中央政策进一步突出保障民生、和谐发展以及新农村建设的新形势下，对特大城市郊区城乡统筹发展进行的一个探索性规划。

江宁区是南京市区位最优、条件最好、发展最快的郊区。自 1992 年撤县建区以来，解决农村问题先后经历了撤村并点和整体搬迁两个阶段、两种模式，取得了很好的效果。但是，农村问题的解决仍然大大滞后于经济社会整体发展，2010 年 92.7 万户籍人口中，仍有 46%的农村人口，约 2000 个自然村，而已有的农村问题解决模式正面临成本日益走高、村庄大规模违建、农业生产模式得不到优化、农村社会结构没有改善等不足。另一方面，区内城市发展面临着建设用地指标刚性约束，整体拓展模式过于粗放，区域内部、与南京市之间功能与空间统筹不足等问题，这些问题也都需要通过城乡统筹帮助解决。为此，区委、区政府要求编制和实施城乡一体化规划，意图从城乡统筹的角度对上述问题求解，实现江宁区在南京市发展能级提升的目标。

针对这些问题，由江宁区规划局、南京大学、深圳市蕾奥城市规划设计咨询有限公司、东南大学和南京市交通规划研究所有限责任公司等单位组成的跨学科、跨专业项目组深入学习中央精神，研究、考察国内外先进理论与经验，包括江苏、广东、成都、天津等地的成功实践，对城乡统筹的内涵和规划方法做了系统总结、提炼和发展，在此基础上再经过多方案比较，确立了适合江宁特点的城乡统筹模式，提出稳定健康发展的城乡规划方案，按照社会经济发展规律逐步完善，比较完美地实现江宁区城乡可持续发展的新理念，并对其实施工具、机制提出了系统建议。区政府的决策者们，在深入学习科学发展观的基础上深深悟得：任何时候、任何地方都要按照客观规律办事，都不能过分急切地希望改变地区面貌，特别是传统落后的农村面貌，如果过于浮躁，总会是欲速则不达的。为此，江宁区是有步骤、分阶段地，按照实际情况分批地实现这一城乡统筹规划。

为了贯彻落实南京市委、市政府《统筹城乡发展推进城乡一体化行动纲要》和南京市规划局制定的《南京市进一步加快推进城乡规划一体化实施意见》的精神，结合《南京市江宁区城乡总体规划（2010—2030年）》的总体安排，以“建设城乡统筹的高品质都市化发展先行区”为目

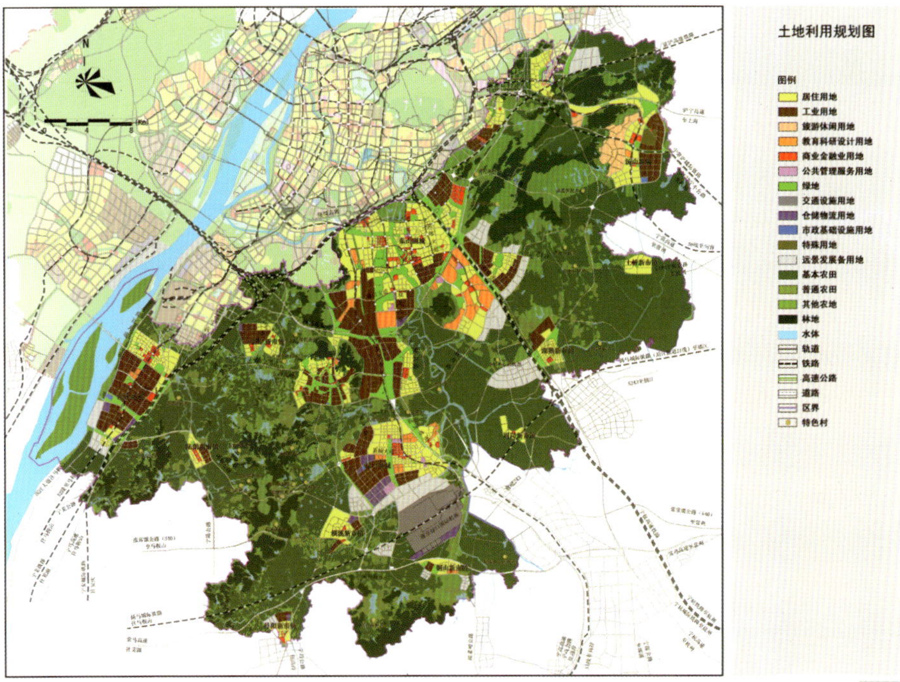

江宁区城乡统筹土地利用规划图

标，加快城乡一体化的步伐。江宁区规划局还在承担一个国家重要的探索课题：缩小城乡建设差距，实现协调发展。近年江宁区还高标准地编制了《城乡总体规划（2010—2030年）》与《东山新市区总体规划》等各类规划168项，出台了《江宁区征地拆迁补偿安置办法》、《江宁区居民社会养老保险办法》、《江宁区农村老年居民养老生活补助暂行办法》等制度，构建1个副城（东山）、5个新城、8个新市镇、12个新型社区和26个重点培育的特色村，在今后4—5年中实现新社区、特色村全覆盖的目标。同时，积极构建城乡联动的环境保护机制，全区9个街道及开发园区均编制了环保规划，形成了完善的区街两级生态规划体系，成立了街道环保所，把生态建设的主战场延伸到了农村。

二、现行规划管理体制的创新

目前，南京市与江宁区实行规划管理“托管”的权限划分模式。“托管”模式是指南京市规划局将规划管理中一些具体的事权委托给江宁区政府来管，江宁区政府下设江宁区规划局负责委托事权的实施，亦称“集中管理与委托授权的模式”。集中管理主要表现在市规划局在江宁区设立直属分局抓规划、抓编制、抓监督，体现了规划的集中管理特性。授权委托主要表现在市规划局在抓规划权、抓监督权的同时，将规划事权委托给江宁区政府，由区政府设立区规划局对江宁区规划管理事务性的案件进行处理，这样既体现了规划的集中统一，又调动了地方的积极性。

江宁区原有城市规划管理分而治之，按照行政区域不同，由区建设局、江宁科学园、江宁开发区等不同单位的规划管理部门负责。现将原有规划部门重新整合后，集中了规划管理力量，实行统一管理，增强了当地政府和市民群众的规划意识，避免了重复建设、盲目扩张、滥占土地、相互竞争建大广场和大马路等现象以及各种短期行为。

江宁区规划局成立后，进一步理顺了政府与市场、政府与企业的关系，一定程度上解决了城市化进程中资金不足的问题；清理、撤并、精简、科学设置了审批职能机构，规范事权，实施权力运行阳光工程；简政放权，创造发展环境和制度框架，稳定了管理干部队伍，为服务全区经济中心工作奠定了组织基础。

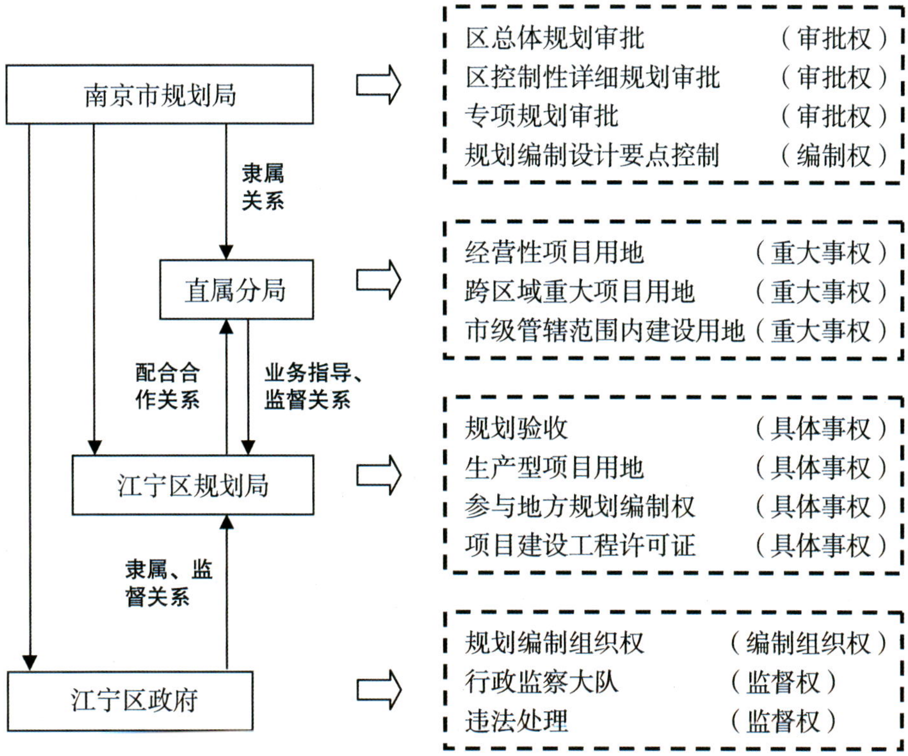

链 接 17

区域创新体系与德国的经验

区域创新体系是由在地理上相互分工与关联的生产企业、研究机构和高等教育机构等构成的区域性组织系统,这种系统支持并产生创新。德国的发展基于相互联系的知识密集型制造产业的生产活动以及先进的以知识为基础的生产服务,通过区域创新平台为生产服务,从而形成了明显的区域服务–制造联系,即“创新区域集群”这种知识密集型服务和知识密集型产业互动的区域,实现从工业为基础的经济向以知识为基础的经济转变。德国提出的“科研创新体系”概念不仅包括科研开发工作,而且还包括科研成果转化为市场产品的增值过程、科研成果及科研知识的传播和人力资源的教育培训。这个体系的最大特色就是政府、企业和人的统一:科研人员出成果,企业出资本, 国家出政策并且负责在企业界和科技界之间进行沟通。在此体系中,企业扮演主角,铸造产、学、研一体化链条,加速创新知识的产品转化。高度重视企业创新活动,让企业成为技术创新主体,形成推动创新的收入分配政策,激发人们创新的勇气与潜能。加强普通教育与职业培训,为创新提供高素质的人力资源。

三、提升政府服务品质、精心管理的新效应

各级行政服务体系的统筹：社会管理、管理体制改革、扩大民主，增加规划管理的权利主体。

区域管理的参与者：政府、企业、非盈利组织、居民及其他。

在城乡一体化建设的过程中，不断转变政府职能，建立和完善有利于城乡统筹发展的行政运行机制，探索从根本上破除造成城乡分治、城乡割裂两套制度安排、两种运行模式和两类政策标准的改革新路子，改变以行业、产业管理为基础的职能配置模式，在配置职能时把农村和城市作为有机整体统筹考虑，加快破除一些职能部门城乡分割的行政管理体制机制。清理省级相关部门的职能，对在“三定”中已有城乡统筹内容和工作延伸到“三农”的，要进一步予以明确和重新定位，同时推进非农部门职能向农村延伸，重点强化对城乡规划建设、“三农”的管理服务、就业社保、教育卫生、城乡交通、生态环保、土地流转管理等方面的职能，实现政府对农村服务的全覆盖。

调整优化行政架构，切实构建适应城乡统筹发展的行政组织体系。要根据统筹城乡发展的要求，消除现行管理体制中存在的同一城乡职能分属不同部门的情况，尝试把某些综合性管理部门的交叉重叠领域职能进行整合。尤其是在资金项目的管理上，要改变部门各自以条条形式分散划拨资金、项目的管理模式，切块下达资金和项目招标，切实调动上级大地区政府统筹本地区发展的积极性。在纵向行政管理体制改革中，特别要在县一级确立比较完整的城乡统筹行政管理职能。条件具备时，可探索将乡镇政府改为县级政府的派出机构（即乡公所、镇公所），这样既能减少行政运行成本，又使经济发展水平各异的乡镇社会管理与公共服务能力趋于均衡。

在规划的龙头导向者政府的精心管理下，出现了明显的成效。城市中心区围绕重点工程抓突破，全面启动了河定桥、杨家圩、凤凰港、府前四大片区建设，实施了一批重点道路交通和市政配套工程，开工建设了金鹰商贸、1912时尚休闲街区等一批高端服务业项目。在大手笔推进旧城改造工程中，整体连片实施“城中村”改造，启动了外港河、府前三期、河定桥一期、小南村等地块改造工程，累计完成城市拆迁33.2万平方米。同时，全面完成了外港河、骆村片区规划工作，完成了府前三期修建性详规、河定桥片区规划研究等城市设计。

提升街道的经济综合实力和可持续发展能力，是江宁区统筹城乡一体化发展中的重要方面。近年来，江宁区在不断加强政策扶持和实施园区辐射带动的基础上，重点加大了镇街工业集中区的建设力度，为街道工业经济的发展搭建良好的平台和载体，增强了街道自身的“造血”功能。

链接 18

低碳城市建设案例

绿色乡村：波特兰利用“增长边界”限制城市蔓延

为了保持波特兰城市增长的边界和农田，设置了围绕中心和公交走廊“增长但不向外扩张”的远景：

(1) 发展集中在城市增长边界内，利用公交导向实现开发密度。

(2) 在敏感的开放空间保留乡村用地和绿带，绿带被设置在城市增长边界内的现存的城镇之间和城市增长边界外。

(3) 以乡村土地储备保证实现规划所要求的开放空间。乡村土地储备一般都在那些可能受到不适当开发威胁的地方，它们能够形成社区的隔离带或者用来保存重要的自然资源。

绿色生产：北九州市从灰色城市变为绿色城市

北九州市是日本著名的工业城市，通过“生态工业园区规划”，北九州逐渐从灰色城市转变成了绿色城市：

(1) 产业体系以环境、再利用产业为支柱，形成了资源共享、产品链延伸和副产品互换的产业共生网络。

(2) 集中开展家电、企业、塑料瓶等各种物品再利用项目，聚集很多产、学联合开展垃圾处理技术、再利用技术研究。

(3) 充分利用市内工业基础设施，相互合作，从地方城市的角度出发，努力实现“环境联合企业”设想，促使市内整个产业界的环保活动等。

四、招商引资的新门槛

从我国现实情况来看，地方政府在招商引资中的作用显著，不应简单否定，但是，也应当看到，地方政府招商引资的具体做法和实际效果也存在一定问题。这主要是：脱离本地实际，盲目制定招商引资计划，强调数量规模，并作为硬指标强行贯彻，甚至作为“一票否决”的条件；将招商引资指标层层分解到政府所属部门，不论有无经济管理职能和可能性，都要完成一定的任务，这或多或少地干扰了部门的正常工作，增加了工作负担和压力；招商引资弄虚作假，玩“数字游戏”达成意向也算招商引资任务的完成。有的搞虚假出资，有的资金到位后就抽逃资金，根本不能形成实际投资；招商引资项目多集中在“短平快”的商贸娱乐产业，投资规模小，缺乏大手笔，对于促进本地产业结构调整和升级作用微弱；招商引资项目缺乏评估和论证，不能利用本地资源，造成新的环境污染和资源浪费；招商引资中违规许诺，开“空头支票”，搞政府担保，反而引起投资者的担心，或者到期不予兑现，损害政府公信力；对招商引资的政策、法制、社会环境建设投入不够，投资者的大量精力耗费在“政府公关”方面，政府部门的寻租行为严重，投资者的预期收益在几经盘剥之后难以实现。要改变这种现状，必须做到：

(1) 项目选择应当从本地实际出发，根据区域社会经济发展战略，注重拉动经济增长、优化产业结构、消化就业压力、利用本地资源、市场前景乐观、技术升级换代的项目，对于不符合国家产业政策、转移要淘汰的设备、导致环境恶化、产业结构趋同化、区域间资源争夺加剧等项目要严格限制，不能为凑数达标而降低项目选择标准。

(2) 应当构建科学合理的招商引资指标体系，不能只有总量指标。在数量指标上应当与本地经济增长速度成合理比例关系，不能盲目追求数量规模和增长速度，以上年计划为基数搞逐年递增；在质量上、指标上应当确定招商引资的资金到位、项目完成验收、投资周期、投资收益、财政增收、行业分布、产业关联、吸收就业等多种指标加权模型和综合评估方法，以此进行规划和评估。

（3）招商引资计划任务的下达，应当根据地方政府所属部门的相关职能和所辖区域的经济发展水平和可能条件，合理分配计划，不应搞“村村点火、户户冒烟”，打“大会战”，不能以招商引资指标完成情况作为绝对标准，搞“一票否决”，否定有关职能部门履行基本职责和完成中心工作的业绩。

（4）出台招商引资的优惠政策，应当在符合国家宏观政策和法律法规的基础上，体现地方特色，发挥地方优势，实行地方优惠政策上的差别化竞争。要对城市规划、建设用地、土地出让、税费减免、信贷融资、市场准入等方面政策进行认真清理，对国家有明令禁止的规定不得阳奉阴违，违规操作。应当如实准确地宣传优惠政策，禁止任何个人或部门对外来投资者开空头支票，提供政府担保。要保持政策稳定性，对于因国家宏观调控和法律实施致使地方优惠政策无效，造成外来投资者利益损失的，应当妥善处理，给予适当补偿。

（5）对招商引资的对象应当充分考察，认真审查，确认其投资意向和投资能力，防止欺诈行为，对恶意串通、内外勾结，虚构项目、虚假出资、抽逃资金、非法融资而不发展实业，损害地方声誉和政府形象的行为要严肃查处。

（6）要加强招商引资的环境建设和治理，发挥“行政服务中心”的一站式功能，简化办事程序，提高办事效率，实行满意服务。要加强招商引资项目的行政执法检查，对于无故拖延、设置障碍、刁难滋事、吃拿受贿的人员要严肃处理，坚决制止地方保护主义、不正当竞争的行为。

（7）要加强招商引资的组织领导和监督管理，政府组建招商引资领导小组，建立招商局等办事机构，聘请专家、企业家提出咨询建议，参与论证评审，进行社会监督。地方人大和政协应当将政府招商引资作为重要的监督内容，重点对招商引资的规划指标、优惠政策、项目运作、经费预算、环境建设和综合效益进行监督评议。对于招商引资卓有成效的单位和个人要给予适当奖励，但更重要的是总结经验，交流推广。

（8）招商引资工作要立足长远，放眼全球，追求实效，节约成本，积极培育中介招商；避免朝令夕改，大起大落，既要搞组团路演、会展推介，也要建立长期稳定的窗口单位和传播渠道，发展电子商务，加强招商引资

的基础信息资源库建设。

从"招商引资"到"招商选资"，一个"引"字调整为一个"选"字，说起来很简单，但要做起来并不容易，要具备的条件除了厚积薄发的实力，还要有高瞻远瞩的眼光和懂得取舍的心态。

五、城乡统筹政策调整的建议

城乡统筹推进城镇化作为一项系统工程，应遵循的基本原则：一是统筹协调原则。一个层面是从宏观上统筹城市与农村协调发展，统筹经济与社会协调发展；另一个层面是着眼于改变农村经济、社会发展的滞后，推进"五个统筹协调"。二是制度创新原则。包括户籍制度、就业制度、社会保障制度、财税制度、金融制度等的创新。三是宏观调控原则。调动各种资源特别是城市资源向农村倾斜。调整国民收入分配结构，增加对农业和农村的投入。四是分阶段突破原则。区分近期和中期目标，分阶段把促进城乡二元结构向一元结构转变的各项政策具体化，落实到城市和农村"十二五"经济增长和社会发展规划之中。基于此，对城乡统筹政策有如下调整建议：

● 调整农村财政政策

基本方向是明确公共财政职能，增加农村资金总量，转换运行机制。一是解决农村公共产品的政府投入问题，逐步将县以下以改善农民基本生产条件和生活质量为重点的中小型基础设施纳入各级政府基本建设投资的范畴。财政政策尤其是国债政策的重点应由城市转向农村，直接增加农民收入，缩小城乡收入差距。重点支持节水旱作农业、人畜饮水、乡村道路、农村水电、农村沼气、草场围栏、农机具更新等农村小型基础设施建设。

● 调整农村金融政策

校正金融资源的城市偏向，既要考虑当前，又要着眼于长远；既要考虑需要，也要考虑可能；既要体现市场的基础配置作用，又要发挥政府的宏观调控职能。一是解决农村资金非农村化问题。县级以下的邮政储蓄机构、信用社、其他商业银行从农村吸收的资金，要争取绝大部分返还于农村。二是财政支持商业金融机构发放农业贷款。国家在利率幅度、再贷款、贴息、税收等方面支持商业金融机构发放农业贷款。三是扩大农业金融服务范围。在防范风险的前提下，根据农民发展生产、改善生活的需要，在优先解决农户种养业资金需要的同时，积极开办住房、教育、大额消费品等消费性贷款。

● 调整农村税收政策

我国农村税费改革成效显著，为改革农村税收制度、较彻底地规范国家与农村的分配关系创造了有利条件。改革方向是将对土地征税改为对农业商品征税：对进入商品市场的农产品征收商品税，对农业生产者的生产所得征收所得税；并按照国际惯例，对农产品和农业生产者给予一定的税收优惠。

● 调整农村教育政策，将农村义务教育的主要责任从农民转移到政府

基础教育是最为典型的公共产品，如果缺乏中央政府的必要财政支持，势必会造成基础教育发展严重失衡的状态。实现责任转变的关键是确立“优先保证义务教育”的基本国策，进一步提高教育经费占 GDP 的比重及义务教育经费占总经费的比重。教育经费占总经费的比重由现在的 2.8%提高到 4%以上，政府义务教育经费投入占教育总经费的比重由 60%提高到 90%以上。

● 调整城乡公共供给失衡格局，加快农村公共事业发展

调整农村社会和公共事业政策，核心是解决体制问题，重点是一个政策、三项制度。一项政策是重点发展农村普及教育的基本政策。三项制度为：一是调整农村教育政策，将农村义务教育的主要责任从农民转移到政府，将政府对农村义务教育承担的责任从乡镇为主转移到以县为主；二是尽快建立农村社会保障制度，在农村构建保障体系中最基本的“安全网”，建立和完善农村基本的救济制度，重点解决遭受自然灾害后的农村灾民的生活救济和对农村贫困人口的生活救济问题；三是建立和完善农村基本的公共卫生保障等制度。

扎实推进社会主义新农村的建设，加快高效农业集约化、专业化、规模化的基地建设，给予优惠政策，增强街道对区域经济板块的支撑作用，注重保护与发掘农村生态、民俗、文化资源，加紧编制特色农村建设规

划，打造宜居、康居、乐居的农村环境新貌，使江宁区大多数农村社区在“十二五”期间有一个新的气象和巨大变化。

链 接 19

温家宝总理在全国城乡规划工作会议上指出，“城乡规划是一项全局性、综合性、战略性很强的工作，涉及政治、经济、文化和社会生活等广泛领域。城乡规划是城乡建设和发展的蓝图，是管理城市和乡村建设的重要依据”。在中国市长协会第三次会员代表大会上指出，“城市规划是城市建设和发展的蓝图，是建设和管理城市的基本依据。城市规划搞得好不好，直接关系城市总体功能能否有效发挥，关系经济、社会、人口、资源、环境能否协调发展”。温总理的讲话明确了城乡规划是城乡发展与建设的基本依据，调控各项资源（包括水资源、土地资源、能源等）、保护生态环境、维护社会公平、保障公共安全和公众利益的重要公共政策。这个定位将对我国城乡规划工作产生重大和深远的影响。

汪光焘（住房和城乡建设部部长）在广州中国城市规划年会上的讲话（2006.9.21）

篇八　未来发展的新功能

南京大都市圈与我国沿海经济发达地区一样，正处在城镇化快速发展阶段。在城市与城镇地区的快速发展过程中的人口集聚、产业集聚和生产要素的集聚以及城区用地增长所带来的城市空间扩张和城乡管理的诸多矛盾，是当前南京地区急需研究与解决的紧迫问题。

南京大都市圈的城市化过程虽然正走向健康稳定的发展阶段，但仍未摆脱"老城区高度集中"、"主城区快速集聚"的空间发展格局，城市重要职能、商业、金融与文化服务业高度集中在中心城区，造成市区交通常常拥堵、居住水平与生态环境质量日益下降，城郊、城乡差别明显，联系薄弱，城乡难以统筹发展。同时，城市用地"摊大饼"式地盲目向外扩展蔓延，致使郊区、新市区和小城镇得不到合理发展。因此，南京大都市圈和三个副城（江宁的东山、河西和仙林）的合理建设问题应当考虑多中心化，科学规划组团式布局，通过中心城区职能的向外疏散，有效降低市区中心高度集聚所带来社会、交通与环境的矛盾，通过在大尺度空间布局，适当疏散人口、产业与一些服务产业，在区域层面上再集中并获取整合效应，江宁区就是南京城区发展的主要方向，只有通过这一合理的扩展方向，可以实现整个南京市的可持续发展和提升南京大都市圈的综合竞争力，促使南京大都市迈向国际化。

从长远利害关系以及南京核心城区与江宁区（东山副城）的建设互补关系看，在今后城乡统筹的发展战略前提下，江宁区未来发展的新功能与新远景可以表述如下。

一、江宁区未来发展的新功能

江宁区是南京市区的副城，南京大都市扩展的重要储备地区。江宁区与南京城核心区应建立网络化大都市的综合发展功能区。这是一种新的城市空间发展战略，在空间组织上，网络化大都市的发展应继承合理的传统核心城市发展模式，提升中心城市的辐射能力，同时积极地发展围绕核心城的其他子母型的多中心多层次的副城，强调构建面向城乡区域、开放型、多中心区域的城镇空间格局。在功能整合上，网络化大都市发展战略强调分工与合作，促进区域经济社会与文化网络的形成，从根本上将实体空间即城乡统筹的多中心发展的区域变成为具有真正意义上的网络化大都市，加强核心区与副城的相对联系、协调与合作，实现权利相对平衡和利益分配相对公平的城乡统筹，通过网络化管治实现公平与效益并重的城乡区域现代化管理模式。

江宁区的总体功能定位：是南京都市区南部重要的增长极，长江三角洲重要的战略性新兴产业基地，大学科教创新园区，交通物流枢纽区，城乡统筹的高品质都市化发展的先行区。

具体来讲，网络化大都市的城乡空间发展管治的新功能包括三个方面的内容：

● 空间组织战略模式

这是一种具战略性的长远发展目标的发展规划，包括市政设施网络化、交通设施公交化和系统化以及城乡协作关系的和谐化等等。这里提及的战略性发展规划，组织新型产业、新的科学创新园区，应综合考量城市空间发展和社会经济发展以及体制与制度的转型变革，要有利于城乡生产力的高度发展。

● 空间整合战略模式

对于不同类型的城市网络，其空间整合战略的政策重点也有所不同，对于互补型城市网络，重点是促进城市中心与副城区的专业分工、建设时序与重点。城市功能、设施以及生活或商业环境并非在单一中心形成高度集聚，而应当适当分散在城乡区域的各个重点中心，有利于交通组织、市场组织和旅游点组织，构建整合城乡合理发展的社会、经济模式，集中力量集中布局南京市区南部的江宁东山增长极。

● 空间管治战略模式

空间管治战略模式从制度架构的角度建立地方主体分工与合作的制度平台，加强与长江三角洲地区重要城市的合作平台，构建网络化模式。网络化大都市管治的特点是网络化的地方合作，即建立城乡一体化的多层次网络管治模式。这里包括政府联席会议、专家学者咨询、社区街道合作、区域规划联手、空间增长管治和地方税基分享、福利公平等等，从而构建一个多元化的和谐管理体制及其发展创新空间。

要发展江宁区其他重要的新型工业区的生产功能以及现代服务业功能。南京大城市的空间扩展是在一定的社会经济条件下，经过工业化推动，生产力高度发展的结果，特别是随着工业布点、重大项目建设和各类工业开发区的完善形成了崭新的大都市圈，其中江宁区东山副城的建设，河西、江北和仙林大学城的建设与之都是分不开的。未来将形成一个世界知名和具有全国意义的超大城市。2010 年南京市的建成区面积已扩展到 598 平方公里。

一般说来，新城区的形成发展过程主要是通过经济规模、人口规模和用地规模的扩大而发展起来的。江宁区的东山副城在 2010 年已是有 50 多万人口（含外来人口）、将近 60 平方公里的新城市了；未来 10 年，东山副城会扩大为 90 多平方公里、有 70－80 万人的大城区，南京市区向南延伸至南京大都市区的副城。

在现代社会，城市的主要功能是以生产、交通、商业、文化教育、医疗、市场为主要内容的经济中心和信息通讯技术为主要内容的科技创新中心，因此，城市功能作用的形成也就是相互渗透与集聚辐射的过程。江宁区东山副城，特别是经济技术开发区，吸纳了南京市区大批骨干企业的转移以及国内外企业的落户，形成了南京地区最具有发展潜力的工业化—城市化区域。江宁东山发挥了城市载体功能的历史性作用。改革开放的 30 年变化，使东山副城的功能作用更加凸显。

城市载体功能的实质是实现生产与生活的基本服务，即为城市自身的存在与发展服务，为人类进行政治、经济、文化活动服务，为城市的社会生产、社会生活服务。正常发挥城市载体功能，可以为城市创造优美、净化、安全的生存条件，为城市的物质生产、精神生产的正常发展创造必要的基础条件，为城镇居民创造良好的劳动、生活、休憩和社交活动的条件。江宁东山副城正在向着一个具有现代服务功能和高端生产性的创新功能区迈进！

未来5年，要大力实施江宁开发区“二次创业”，打造城市功能与产业发展相匹配的科技产业新城，力争园区开发建设水平和综合实力进入国家级开发区前列。加速推进科学园科教创新要素集聚、科研成果产业化，成为名副其实的大学科教创新园，与麒麟生态科技创新园共同构筑南京东部创新带。全力推动东山城区建设，加快旧城更新改造，大力发展城市型经济，成为南部新城的现代化品质标志区。大力发展汤山温泉新城，打造国家级旅游度假区，建设以“健康文化”为品牌的中国首席、国际一流温泉休闲度假地。加快建设禄口空港新城，构筑临空产业园和禄口国际机场“两翼辐射”、“园港街”组团互动的新格局，打造战略性新兴产业集聚的发展高地。大力推进滨江开发区功能性建设，增强产业新城综合服务配套能力，初步建成先进制造业基地、钢铁物流基地和适宜人居的现代产业新城。

二、城乡统筹规划建设中的五个优化

在未来江宁区建设现代化城市与城乡统筹的重大决策中，经过领导与专家的多次讨论，规划方案的公示中，我们吸纳了民众、技术人员和专家学者的真知灼见，吸收了国内外发达地区的先进经验，提出了江宁区城市规划建设的长远设想，关键点在于城乡统筹规划建设的五个优化：

● 优化重点区域发展

江宁区的城乡统筹规划建设中注意原有基础好、区位条件优越的重点区域发展，特别优化有条件建设的开发区、新市区和重点街道的建设，使重点区域发展更快，成为整个江宁区的经济增长点，带动广大农村地区的发展，缩小城乡差别。

● 优化空间布局形态

优化空间布局主要是指城市形态的变化，从过去的单要素、单中心转入多元化、城乡结合的互补模式，从过去粗放式发展转入集约化的有机结合模式，从过去盲目扩散的“摊大饼”模式转入到集聚型的“蒸馒头”的聚合模式。这实际上是一个城市的“精明增长”、逐步提高社会经济效益必经的综合发展之路。使城镇增长空间与广大农村有机结合起来，江宁区过去的发展存在着一些问题，近 10 年来，在科学发展观的指导下，完成了《城乡统筹规划》，2010 年又委托南京大学新编制《江宁区城乡总体规划(2010—2030 年)》，对过去的规划进行梳理、创新。其核心理念就是做优与南京主城区无缝对接的东山副城新区，同时在 1 500 多平方公里的土地上，优化空间布局，提高城镇用地的集约化水平，建设现代化的广大城乡地域空间，有利于城镇的优化布局。

● 优化集群产业结构

按照国家发改委与省市有关文件精神，从江宁区 20 多年的发展特点来看，城市的发展从产业结构的调整方面，会逐步地从一产、二产向三产转变，称之为“产业转型、产业升级”。那么江宁在产业升级过程中，服务业，尤其是现代服务业与高端产业，将会成为江宁经济技术开发区和其他几个重要开发区的重要标志。因为在优化产业结构过程中将形成产业集聚，延伸产业链，也就是说，在产业分工基础上形成专业化、网络化、一体化的产业链条。在城市产业集聚中，产业的链条越长，产业的投资和再投资的空间就越大，产业集聚的程度就越高，其社会经济效益也会越高。

● 优化发展美好环境

我们常讲优化发展环境，然而这个词常常会造成一些误导。对于一个新城市来说，我们倡导诚实发展的基本理念叫“政府创造环境，企业创造财富，市民创造文化”。但是，我们往往把“政府创造环境”就变成了“优化发展环境”，却忽视了民众在地方上的积极性、创造性，只有把政府的指导政策变为群众的积极性，优化发展环境才能持久，才能保持广大民众永久性的建设动力。江宁区过去 10 多年来，在城市化地区和广大农村地区，优化发展环境已经成为地方民众的自觉行为。

● 优化市场导向机制

加快街道、民营企业向城镇集中，将城乡中一些分散的工业企业、民营企业与整个地区的城镇化结合起来需要依托政府的支持，优化市场机制，这是新时期城乡统筹的客观需要。其中最重要的是街道（乡镇）、民营企业如何配合城镇化加快发展问题，一是增加政府、民间对乡村工业、民营企业的投入，并有良好的市场渠道；二是减少街道、民营企业和公共财政的负担问题；三是加快产权制度的改革，重点发展私人经济、民营企业，加快市场流通。今后政府、企业、市场、社会等四方面按不同职能发挥重要作用，特别是市场导向机制应有利于城乡统筹与城乡一体化的实践。

三、江宁区总体发展的新愿景

跨入 21 世纪，随着江宁撤县设区，市政府将东山列为南京的三大副城之一进行规划与建设，使江宁区更上一个新台阶，发展目标发生了重大变化，江宁迎来了发展的重大机遇与快速发展的好时光。加之南京市政府与江宁区委、区政府的重视，江宁区各项规划不断创新、不断实施，江宁区的规划从有到全、从简到精，从无序到和谐，不断为城乡发展提供规划保障。《东山城市总体规划（2000—2010 年）》、《东山新市区总体规划调整（2003—2010 年）》、《江宁近期建设规划（2006—2010 年）》、《江宁区城乡统筹规划》的编制及修编，以及 2010 年新编制了《江宁区城乡总体规划》、《东山新市区总体规划修编（2010—2030 年）》，实现了江宁区规划的全覆盖。

为了认真落实中央关于加速推进城乡统筹发展精神和江苏省委提出的“五个统筹”，南京市江宁区已经完成了图文并茂、符合科学发展观精神的《江宁区城乡统筹规划》的编制工作，经过全国知名专家的论证，并被列为我国住房和城乡统筹发展模式的工作试点，规划在研究了我国现有城乡统筹发展模式的基础上，解读了大都市边缘地区城乡统筹的难点与关键问题，提出了“高水平大都市区的高品质的城乡统筹”概念，并能在今后江宁区的建设实践中得以实现，在我国大都市边缘地区城乡统筹问题上取得了较为成功的经验与办法，也为我国大都市边缘郊区城市化发展建立了一个新模式。

对于江宁区未来的发展，历届区委、区政府都充满信心，开拓创新，跨越时代，与时俱进，集聚了江宁人民的斗志与智慧。

全国著名的专家（崔功豪、唐凯、任永明、张泉等教授和高工）参加咨询会

链 接 20

今年是江宁发展进程中的关键一年，面对严峻复杂的国内外环境，全区上下深入贯彻科学发展观，紧紧围绕保持经济平稳较快发展这个首要任务，全面落实中央、省市决策部署和政策措施，坚持在认清形势中坚定信心，在应对危急中抢抓机遇，在创新思路中破解难题，在统筹协调中凝聚力量，危中奋进、难中攀高，全力推动经济社会又好又快发展，体现了可贵的江宁精神、江宁速度和江宁效益。

李琦在江宁区委十一届十六次全体（扩大）会议上的讲话（2009.11.6）

链 接 21

“十二五”时期，江宁发展仍处于可以大有作为的重要战略机遇期。尽管我们可能面对诸多可以预见和难以预见的风险挑战，但同时也面临着十分难得的历史机遇，特别是长三角一体化进程加速，南京把南部（江宁区）作为新一轮都市建设的动力集中区，禄口机场、铁路南站加快建设国家级大型枢纽，2014年南京青奥会举办，为江宁加速经济转型、激发创新活力、实现更大跨越创造了有利条件、开拓了新的空间。只要我们科学把握发展规律，主动顺应发展大势，奋力有为地推进改革开放和现代化建设，就一定能够为江宁发展寻求新动力、增创新优势、再创新辉煌。

周谦（区委书记）在江宁区委十一届十九次全体会议上的讲话（2010.12.29）

链 接 22

三、实施城乡全域统筹，打造现代城市新形象

以全域（江宁区）统筹的理念谋划空间布局，以完善功能、拓展空间、提升形象为重点，加快城市化、城乡一体化步伐，打造生态乐居的现代新江宁。

进一步加快新市镇建设。加大集镇（街道）出新改造力度，推进原建制镇出新，确保全面完成。推进谷里、横溪市级特色名镇创建工作。加快完善农村基础设施建设，完成乡镇基层农民的社保和服务设施。

进一步优化城乡环境。启动生态文明示范区的建设，实施“蓝天、清水、绿色、宁静”四大工程，建设城乡一体化的新江宁。

柏鹏（区长）在江宁区十五届人大四次会议上的讲话（2011.1.24）

城乡统筹是以健康的城市化和城市对乡村的合理扶持为基础，基于稳定、保护、发展、协调四个原则，构建整体功能互补，布局与支撑体系配套，最终实现区域整体发展水平不断高级化和城乡发展水平相对均衡化的城乡系统。

江宁人在科学发展观的指引下，既考虑规划建设好近期，更要把握长远，站在南京大都市圈和长江三角洲的战略高度，进一步把可持续发展摆在更加突出的位置上，对全区所有的人力、物力和资源进行通盘考虑，充分利用江宁的优越区位与优势条件，整合提升，优化配置，最大限度地挖掘资源的潜在价值，最大限度地释放江宁人的潜在力量，充分发挥资源的利用效益。要坚持开发有序、依法开发、集约开发、合理开发，

把开发与保护结合起来，控制资源开发面，把有限的资源进行无限的开发利用。原区委书记王建华也说过，江宁要以产业园区开发为主要形式，以引进投资规模大、科技含量高、带动能力强为龙头，大项目为主攻重点，增强单位面积投入程度，提高开发集中度，为长远发展留足空间，也要为乡村发展创造空间。充分利用政府的优惠政策和优惠条件，将外商与国内资本的开发思路转到内生优势的开发，真正使江宁区走向先进的内涵开发之路。

坚持规划引领，完成东山副城总体规划编制和总体城市设计，完成禄口新城、百家湖片区以及东山老城区控制性详规调整。推进城市总体规划与土地利用总体规划修编，实现规划全覆盖和“两规”衔接。东山新市区加大旧城改造力度，加快府前、河定桥、岔路口等片区拆迁，完成拆迁面积 90 万平方米。加快城市中心区建设，重点推进杨家圩、百家湖、旧城道路网络等重大功能性项目，金鹰国际、秦淮风情街等项目加快推进，1912 休闲街区、神旺大酒店等项目建成运营。推进外港河生态绿地建设。建成城市展示中心，启动建设区图书馆新馆。推动东山新市区与

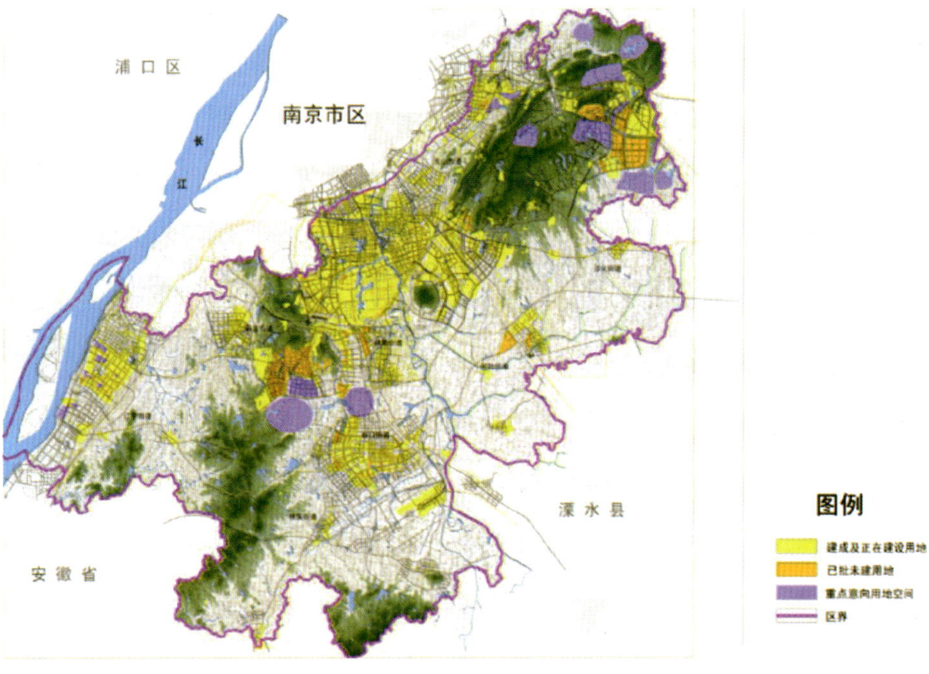

江宁区地区发展的重点意向空间

南部新城一体化建设。

如今，在江宁区新、老城区中，我们可以看到一幢幢巍峨新建的公司大厦和行政大楼，还有市民们居住的不同尺度的公寓式大楼和一幢幢乡村别墅式的漂亮住宅与社区民居，在绿色树丛中，在秦淮河新修的堤岸旁，或在宁丹公路上，都集聚着社会向前发展的各种要素，人力、物力、财力，这些都是推动江宁区工业化、城镇化与市场化的巨大动力。我们深切感受到，现在的东山副城与高新技术开发区已经不是原来意义上的开发区了，它直接驱动着整个江宁区的经济社会的进步，带动着上百万的城乡人民共同迈入现代化和城乡一体化的新路。制造业、高端电子业、现代运输业与建筑业、高等教育、文化艺术、科研基地、都市农业与现代农业以及卫生、体育和环境等各个方面都将进入一个和谐发展的新阶段。

四、国际人居环境建设品质对江宁的启示

联合国人居环境署总结了当今时代世界许多发达国家的人居环境，都是那些高品位、环境优美、舒适康乐人间居所，不仅有完善的高质量的公共服务和社会保障体系，而且充分挖掘生态资源和文化资源的利用价值，积极塑造具有游憩娱乐功能的生态和人文休闲场所，形成自然景观与文化景观相互交融的绿色环境的空间体系。

尽管每一种国际人居建设的理念和时间都有其特定的时代背景和各国各地区的政治、经济、文化背景。当然不能简单地套用在今天的中国，所以也不能如法炮制在江宁。但是其中国际人居环境建设的品质、人居环境建设的趋势和方向对江宁城市规划有着积极的借鉴作用。

国际人居环境建设品质对江宁的启示有：

● 重视其社会经济高品质的发展

贫困的社会，经济发展一直是衰退，人居环境处处有矛盾，处处有问题，处于破败没落的形式之中，广大民众的生活是令人痛心疾首的。然而现代社会中，工业化、城市化的波浪之后，城市和社会经济迅速发展，

小康生活水准处处在普及。为此，我们都极其重视其社会经济高品质的发展。只有这样，每个地区，每个城市与乡村，可持续发展的经济活力才越来越有吸引力与辐射力，城市与区域的成长才越来越有品质。

● 重视城市地区的生态保护与建设

国际经验证明：只有高度重视城市地区的生态保护与建设，我们的人居环境才能趋向优美的理想模式。发达国家提出建设生态城镇，零碳、低碳城市引领空间持续开发，才能有完善的环境设施之城及现代社会可持续发展生活方式的运行。只有这样，才能建设美好的永续发展的社会大厦。

● 重视城市发展的集约与有序

有不少地区曾经有过一段无序的建设时期，由于地方政府管理上存在某些误区或其责任心不明确，不少城镇建设用地未能从严控制，结果出现用地失控、盲目扩展的现象。一些地区的经验教训表明，应当十分重视城市发展的集约用地与有序建设。江宁区最近几年来，不断完善开发区的有序建设，正在按科学发展观，合理规划城乡建设用地，以内涵提升方式挖掘土地潜力，鼓励土地功能的混合使用，重视城乡发展的集约与有序。

● 重视社会公正与和谐，完善法规制度

应以城乡基本公共服务均等为目标，重视社会公正与和谐，引导城乡基层公共服务设施建设适应基层管理体制，满足群众实际需求，突出地方特色，共建和谐社会。

要注重城乡社区和谐与公正，以可以支付的住房供给，保障人人都有居所，以多元主体参与促进归属感、认同感，形成以人性化空间设计，促进邻里精神培育，促进社区安全管理，并完善各项法规制度，促使城乡协调发展。江宁区人大、政协每年按照一定的法律程序，协助政府、监督政府公正执法，重视民生与公众利益，日益走上法制化、科学化的和谐社会。

篇九　江宁远景发展的新空间

多年来，江宁区政府与规划部门始终把开发区作为江宁的新城区来规划建设，坚持基础设施、金融贸易、高新技术与高端产业四个先行和城乡一体共同发展的先导原则，构筑江宁城乡现代化发展的新空间。江宁区未来的远景发展，也应当与时俱进，规划建设具有江宁特色的城乡一体化发展的现代化空间格局。

一、江宁远景发展思路

南京大都市圈未来发展的空间格局，将会有崭新的面貌出现，江宁区也将发生新空间的巨大变化。面对宏观调控的发展背景，以及“十一五”发展过程中存在和今后将面临的问题，市规划部门与江宁区政府在今后10年内，已规划了江宁区的主要发展策略为：

一是发展模式转变策略。在满足社会经济全面持续快速发展需求的同时，实现由过去的外延扩张模式为主转向外延扩张与内涵提升相结合的集约化发展策略。

二是功能品质提升策略。在进一步推进以南京都市发展区为载体的大南京发展框架的同时，实现由过去的以拉开框架和注重制造业和房地产业发展为主转向重点加强新市区服务功能建设和提升城市品质的转变。

上版规划中提出的“轴向、组团”发展的远景结构总体框架，基本能够适应未来南京市、江宁区空间发展的态势，满足国家省市未来总体发展的战略要求。现行规划认为，江宁区“轴向、组团”远景城镇空间结构应该继续延续，并在此基础上更加强化“组团”发展要求，并真正体现江宁区城乡统筹、和谐发展的新天地。

强大的轴向交通是支撑“轴向、组团”发展结构的重要手段。建议按照 TOD 模式，在三条发展轴上形成高速公路、快速路、快速公交构成的轴向快速交通走廊。在条件具备时对三环进行快速化改造，加强三个新城和两个物流园之间的联系，与轴向快速路形成网络，并融入主城的快速路系统。结合铁路南站建设公交枢纽站，研究并启动快速公交线建设。重点建设南京地铁一号线南延段，配套建设公交换乘设施。江宁区的地铁一号延长线已于 2009 年 5 月建成通车。利用地铁线路的建设与公共交通的配合，有效衔接南京主城、仙林新市区及区域内部各功能片区，提升区域交通可达性。改善老城区停车条件，结合地铁一号线及南京南站建设，配置停车设施。同时加快航空物流与加工业的发展；加强机场与周边地区交通联系，扩大延伸服务腹地。

随着南京郊区化进程逐步推进，产业的空间布局也在逐步优化调整，由主城到外围呈现三产——二产——一产梯度分布态势。江宁区按照圈层式梯度产业空间布局结构，进一步优化产业空间布局。沿绕城公路的东山新市区、上坊和麒麟组团等，以发展第三产业为主（房地产、商贸服务业）；沿公路二环的东善桥、秣陵、高教、淳化、谷里等组团，以发展高新技术产业和近郊休闲度假产业为主；沿三环的滨江、禄口、汤山等城镇，以发展物流业、先进制造业、生态农业旅游业为主。

在空间投放上遵从以下原则：

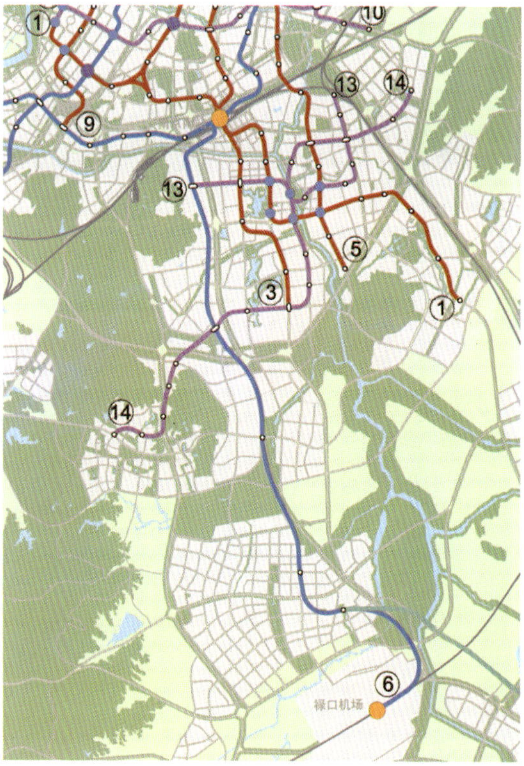

南京市与江宁东山副城的连片发展

◆ 盘活存量、控制增量：现状已批未建地区，近期建设都应尽可能消化利用存量土地资源。

◆ 集约用地、确保重点：对于现有基础设施较为完善、土地利用效率较高的地区（东山街道、开发区等）、需要重点保障发展的地区（汤山街道、滨江开发区、空港工业园等）在土地供应政策上予以倾斜。

◆ 供需平衡、梯度供应：按城镇等级分：东山副城——副城周边新市镇——新城——新市镇；按行政管辖分：开发区——发展条件好的街道——其他街镇。

在基础建设上按照适度超前的思路，加强基础设施向重点地区的引导和延伸。

二、东山副城

东山副城指以东山副城为基础形成的包括周边功能性组团的高品质城区，包括东山副城和外围东善桥、秣陵、高教、淳化、上坊与麒麟组团。东山副城发展定位为：南京市区域副中心和综合交通枢纽；重要的教育科研和知识创新基地；重要的高新技术产业基地。

东山新市区已经经历了县城发展模式、开发区推动发展模式，正走向新市区发展模式的全面转变和提升的过程。

1999 年现状　　2003 年现状　　2005 年现状

1999—2005 年东山用地布局调整

东山副城应进一步优化城市用地结构，完善公共中心体系，提升综合服务功能；强化与主城区之间及组团相互之间的关系，重视产业的集

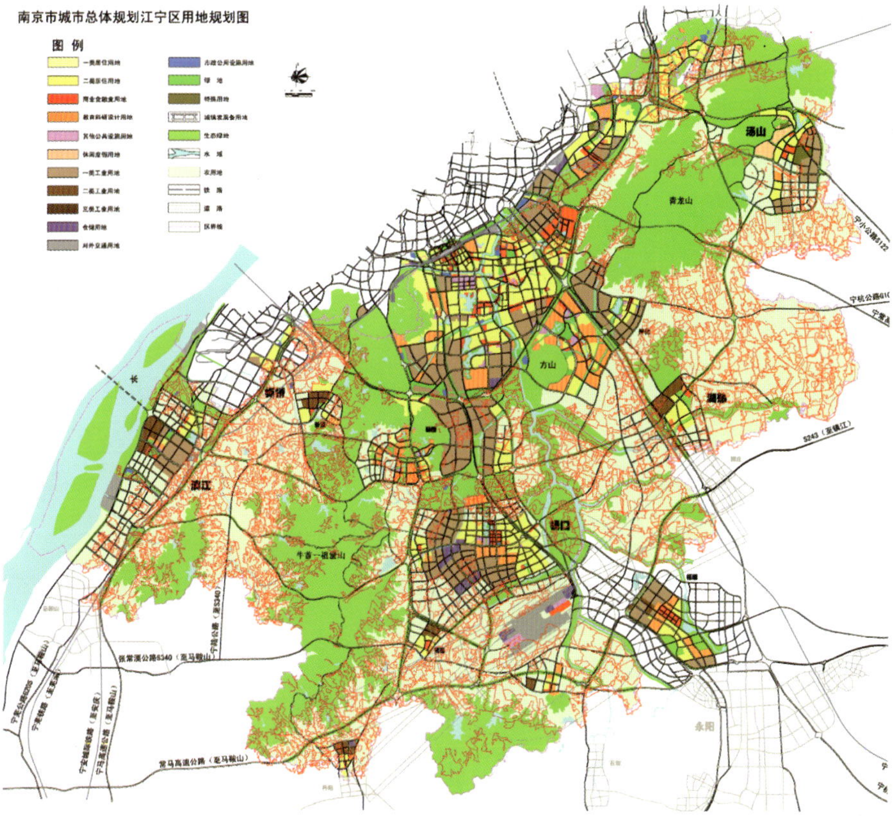

东山副城：中心区、南站、空港

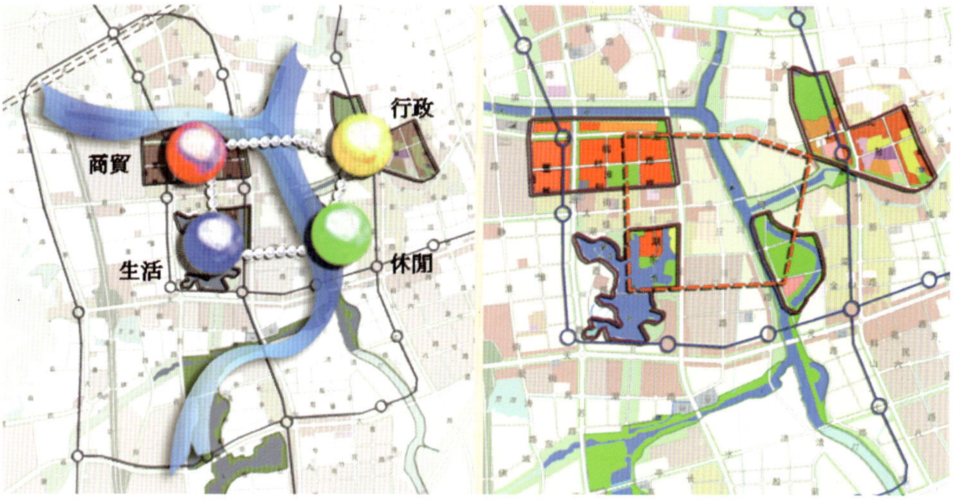

东山新区新城市的规划建设构想

群化发展及产业链的打造；积极推进新区建设和功能培育，加大旧城改造力度；积极发展金融商贸、专业市场、餐饮服务等第三产业，鼓励文娱

体育、教育培训、科技研发、信息服务等新型产业的发展，引导工业用地布局调整，促进副城工业结构向高新技术产业和先进制造业方向转变；重视改善环境质量，延续南京“山、水、城、林”融为一体的空间特色，并突出东山副城的山水自然优势。完成县城到新市区角色转变，加快城市化功能建设与品质提升；与主城空间上相对独立，交通上密切联系，功能上融入主城；加快新市区中心建设，形成“反磁力”中心，更好地承担起疏解主城人口和功能的职能。

东山新市区中心初步建成，公共设施布局与按级配套设施趋于合理，城区社区服务功能逐步完善，农村地区公共服务水平明显提升，初步实现服务功能配套完善的南京新市区目标。

江宁区东山镇旧貌（摄影者：苏必功）

江宁区老东山大街（摄影者：苏必功）

江宁区原大街东路(摄影者:徐元平)

原江宁县客运公司(摄影者:徐元平)

江宁区新建客运站(摄影者:苏必功)

原江宁县东山天印广场(摄影者:苏必功)

现江宁区天印广场全景(摄影者:徐旭东)

在加快新市区中心建设的同时，更加重视新区便民服务设施建设，其载体即为社区中心，按照每3—5万人配置一个社区中心的要求，加快新区的社区中心建设。同时通过引进知名优质教育资源、医疗资源等措施，提高新区吸引力。

火车南站地区为本地区在未来五年中重点发展与开发的地区，提出了“区域高端服务之核，南京智慧宜居之城”的定位与口号。其以依托枢纽的高端服务产业作为地区发展的核心动力，以研究、创意等智慧产业作为地区发展的特色品牌，以商贸、旅游等传统产业作为地区发展的持续动力，以优质房地产开发来平衡新城区开发资金运作。

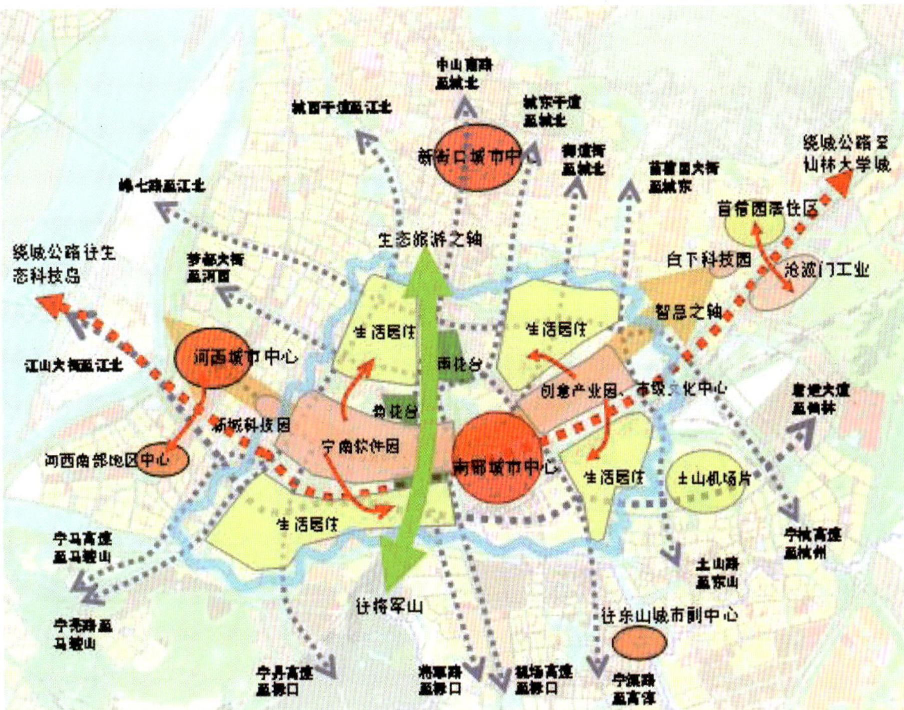

南京南站对外联络的网络思路

南京南站是铁道部规划的京沪高铁的五大始发站之一，并将汇集京沪高速铁路、宁杭铁路、沪汉蓉城际铁路、宁安城际铁路4条国家、区域铁路干线，形成3场28条客运线的铁路枢纽。南京南站开工建设、大校场机场搬迁开发，南站地区—红花机场地区完全有可能联动发展成为南京主城南部地区的中心，并最终形成一主（新街口）两副（河西中心、南部

中心）的“金三角”多中心城市格局。

南部新中心空间结构为“一心、两轴、四板块”。“一心”指的是南京主城南部新中心。“两轴”指的是沿机场跑道发展轴、沿南站中央景观发展轴。“四板块”指的是以机场搬迁为核心的智慧新城板块、以土山机场搬迁为核心的综合板块、以南京南站建设为核心的现代服务业板块、以雨花产业结构调整为核心的宁南 IT 板块。

南站地区的区域层面定位为：不仅是江宁区提升其综合实力的主要区域，更是南京提升区域中心城市地位的重要载体。南站地区是南京真正实现“承东启西”枢纽作用的空间载体，同时承担都市圈核心职能。

南站地区的城市层面定位为：是南京市级中心和门户地区。

南站地区成为本轮城市总体规划确定的市级中心，城市中心是南京区域中心城市职能的主要承载地区，由新街口、河西、机场—南站共同组成；而机场—南站是以区域职能为主导的区域，以商务、商贸功能为主，具有较强的可塑性。

同时南站地区也成为南京重要的门户形象展示区。在建设中应当高标准建设，整体提升周边地块的价值。

从政策层面看，南站地区为市级近期重点建设地区（一带三港之一）。在 1990 年政府工作报告中指出：以铁路、机场、港口为建设重点，大力实施跨江发展战略，推进滨江发展带和禄口航空港、铁路枢纽港、江海联运南京港“一带三港”建设，加速建设一批重大基础设施。

同时，南站与禄口机场之间的联动发展将提升这一地块的整体标准以及效益。禄口国际机场是都市圈核心机场、中国大型枢纽机场，广辟国内、国际航班，2010 年全年进出港人数达到 1 200 万人次，远期年旅客吞吐量达 3 800—4 500 万人次。禄口机场通过机场线与南站枢纽相联系（轨道快线至南站约 25 分钟），利用南站枢纽的高铁、城际铁路，形成高速客运联运系统，有助增强机场辐射能力与服务能力。

本区域依托高铁车站的枢纽地位，周边将成为城市中心区。商业、商务、金融、旅游、高新技术产业及相关服务、居住等高质量业态的开发使用，将极大地提升江宁整体的用地质量以及设施标准，更大幅度地吸引高端人流入驻，形成良性循环。

总体来说，在东山老县城地区应当加快城中村改造，更新城市功能，提升环境品质；加快建设东山副城中心，整体开发建设府前、杨家圩、双龙大道百家湖以东地区，改善城市风貌，提升综合服务水平。沧波门上坊地区推进产业园区与经济适用房建设。同时适时启动土山机场搬迁，加快周边地区规划研究，整体融入南部新城区。按照全市加快建设南部新城区的总体要求，加快推进火车南站以南地区现有工业用地的功能置换。

三、五大新城

五大新城是指滨江新城、禄口新城、汤山新城、湖熟新城、麒麟新城等具有综合性城市功能的五个新城。

滨江新城

滨江新城发展定位为：南京都市圈承东启西、向南辐射的战略性增长区域；沿江开发“钢铁—制造业”产业链的重要组成部分；江宁区基础产业和综合物流业的重要载体；江宁区西部服务中心，具有综合功能、相对独立的产业新城。

强化交通引导城市的发展策略和区域发展 TOD 模式，形成包括链珠状的公共服务中心和产业综合服务带两大部分在内的地铁综合发展轴，在为新城启动时期的产业发展提供必需的配套服务同时，为未来轨道交通沿线土地升值创造条件。将产业发展和城市建设呈带状布局在长江和大型交通走廊之间，通过主要的陆路、水运交通、城际铁路、轻轨交通等构成的运输走廊，构筑南京市域南部的沿江制造业产业带，形成南京都市圈从“南京主城—板桥新城—滨江新城—马鞍山”的南向发展主轴。在 205 国道和宁马高速之间的狭长地块，未来依托该地区多种交通方式并存带来的便利条件，发展专业市场、生产物资交易市场、仓储、商贸、信息服务工业和配套居住于一体的综合性商贸园区，进一步支撑江宁区综合物流业发展。

位于江宁区临长江的滨江新城规划图

在发展时序上加强规划研究，进行用地储备，适时启动中心区建设，其中江宁老集镇区需要整合现有用地，加快公共服务设施与基础设施配套，提升环境品质，同时加强现有工业企业提档升级，工业用地向西拓展；港口岸线结合港口码头建设，完善后方物流与加工工业。

禄口新城

禄口新城的发展定位为：南京南部地区重要功能组团，空港地区综合服务中心、区域物流中心和以汽车零部件加工、航空制造业为特色的现代化制造业基地。

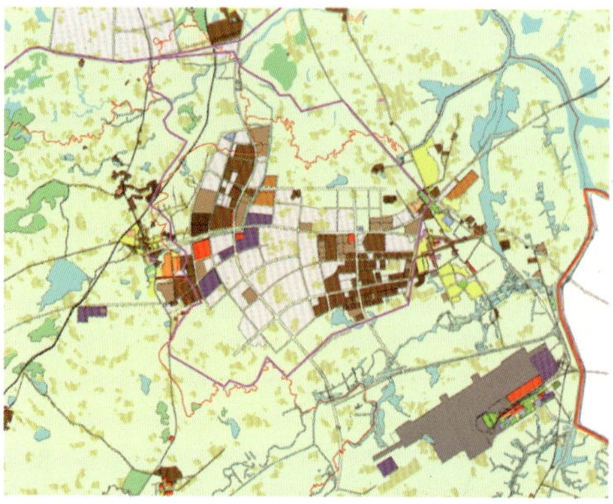

南京禄口国际机场附近的空港开发区

产业发展用地重点依托将军路进行空间拓展，形成园区化的布局形态。强调产业门类的临空指向性，重点布置航空制造、高新研发制造等工业项目，包括汽车零部件制造园区、航空制造园区、高新制造产业园区、华商工业园、综合制造产业园以及仓储物流用地。居住发展用地重点依托汤铜线两侧，分别形成禄口老镇生活区、中心居住区、城东居住区、陶吴老镇居住区、城北居住区。

禄口街道地区整体推进包括经济适用房在内的居住区建设，完善公共设施配套，改善环境风貌。陶吴社区地区按照新城标准加快改造现有居住用地，整合工业用地，逐步完善公共服务设施建设。航空动力产业园以高齿等大项目带动，形成规模效应。华商工业园以临空产业集群为导向，加强现有工业企业提档升级，进行园区扩容。同时，大力发展物流片区，在万通物流、普洛斯物流基础上进一步形成物流产业集聚。推进深航培训基地和生活服务区建设，并在合适的时间启动禄口新城中心区的建设。

汤山新城

汤山新城的功能定位为：南京市旅游休闲新城，江宁东北部地区综合服务中心，目标是建成全国知名的温泉旅游度假基地。

汤铜路以西为旅游发展区，以发展旅游及其相关产业为主，旅游发展区结合地形和资源条件，采用组团布局的方式，形成“绿城镶嵌、组团发展”的空间形态。汤铜路以东为城镇发展区，以发展综合服务、居住和

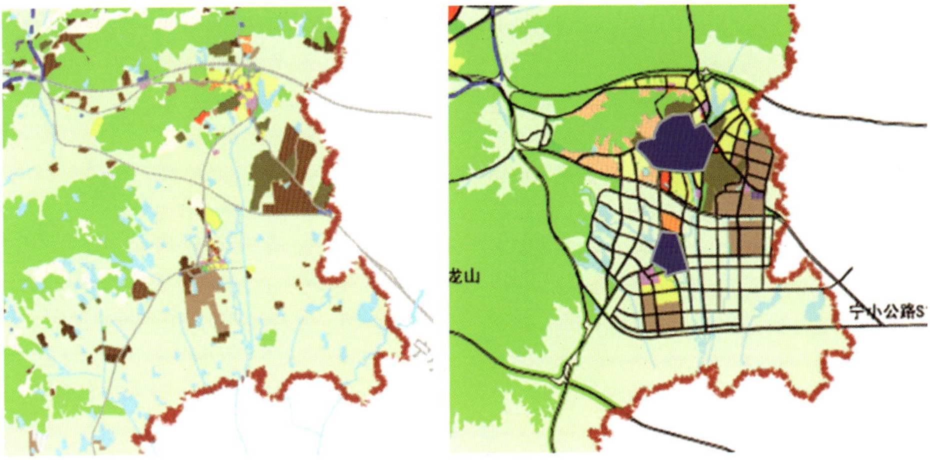

汤山国际温泉城远景规划图

洁净工业为主。汤山新城的综合服务中心，主要服务本地居民和旅游休闲人口，兼顾为土桥、句容等周边地区服务。

本地区以打造长江三角洲旅游温泉度假基地为目标，积极推进温泉度假区的开发。同时推进上峰片区的居住和配套设施建设。

湖熟新城

湖熟位于南京市江宁区的东北片，地理位置重要、优越，毗邻镇江市的句容，周围是一片富庶之地。湖熟的板鸭、咸鹅及其丰富的农副产品向来驰名海内外，历史上，湖熟是苏南地区西部的农副产品集聚之地，商贾云集，市场繁荣。

湖熟镇过去是江宁区(县)的一个重点发展小城镇，镇区约有 4.5 平方公里，镇区内居住人口达 3.6 万人，在重要的集市节日，可吸引周围 5—6 万人在这里进行城乡物资交流与农贸商品的盛会。湖熟镇的发展已有 2100 多年的历史，为苏皖南部地区人民所熟悉。

根据江宁区规划局与南京大学的规划设计，湖熟将在今后 20 年内建设成为江宁区的五大新城之一。新城规划的人口规模约 10－15 万人，建成区面积达到 16 平方公里。这里已有宁杭高速公路穿越，正在修建的宁杭城际铁路也经过这里，未来的湖熟新城将是南京大都市圈范围内一个重要的小城市，将在城乡统筹规划中发挥重要作用。

麒麟新城

麒麟地处城乡结合部，位于南京市区东侧与江宁接界处，行政区划上属于江宁区的一个街道，也是南京大都市圈的一个城市化地区，与南京市的交通枢纽马群相邻，从麒麟街道到达南京市区中心也不过 10 多公里的路程，交通十分方便，为宁沪交通走廊的一个重要节点。

早在 2400 多年前，马群、麒麟就有民居聚落与农贸集市，成为南京市东部历史上开发农耕较早的地区之一。解放后这一带慢慢走过了社会变革与经济发展的过程，过去由于交通不便，工业基础较差，麒麟镇一直发展较慢，只有改革开放后 30 年来，由于工业的集聚、重要交通干道的建设，使小镇发展较快。根据南京市规划局与江宁区政府的规划设计，麒麟新街道也将成为江宁区五大新城之一，今后 10—20 年内本街道将成为达到 8—10 万人的江宁区的一个新城。

四、新 市 镇

提升新市镇品质达到现代都市水准、承担都市城市产业和居住功能。由于其发展条件不同，应当采取差异化的发展策略。

横溪新市镇凭借毗邻机场的区位条件和万顷良田工程的实施，可于近期适时推进新市镇的建设。

湖熟新市镇位于区域发展轴的重要节点，远景有望发展成为江宁区继滨江、汤山、禄口新城之外的“第四元”，近中期可结合区域大型交通设施的建设、万顷良田工程的实施，发挥好为周边广大农村、农业服务的功能，并根据情况承接东山副城、高教组团所辐射的功能，大力提升镇区建设水平，并为远期发展留有余地。

谷里新市镇具备良好的生态环境优势和观光农业、旅游休闲产业发展基础，区位相对独立，可以绿色产业作为推动城市化的主动力，以特色新市镇建设为目标予以打造。

丹阳、铜山、周岗和土桥 4 个新市镇，可依托已有建设基础、结合行政边界地区的区位优势条件，结合区域商贸流通功能的发展，逐步建设成为特色功能突出、辐射周边乡村的小型市镇。陆郎新市镇依托现状发展条件较好的陆郎行政村，近期以设施完善为主，远期逐步形成为辐射周边的小型新市镇。

五、重点开发园区

江宁开发区、江宁科学园区、空港开发区（禄口新城）和滨江开发区（滨江新城）同为重点开发园区。

开发区存量土地全区最大，要充分消化存量并提高土地效益；加快产业提档升级，加快工业用地整理与挖潜；启动汽车产业园建设。

重点发展科学园三期、教育功能组团，继续做好现有高教组团的服务配套。

江宁开发区规划演变图

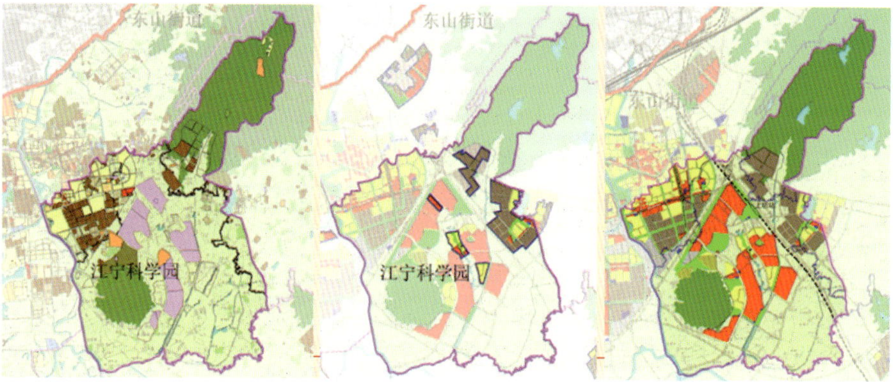

江宁科学园规划发展远景图

在开发园区的建设和发展中，要重点做好规划协调、区划整合和制度创新等方面的工作。

● 规划协调

长期以来，由于部门分割，各部门、行业和地区的各种规划、计划相互脱节、相互分割甚至相互矛盾，导致规划在空间落实上相互冲突，“规划打架”降低了政府行政效能，影响了规划的严肃性、法定性，也损害了政府的公信力。在江宁区内部，各城镇职能同构，大幅拓展工业用地，而效益不高。在“十二五”期间应当协调现有各个规划（万顷良田规划、南京市近期建设规划、江宁区“十二五”经济发展规划等），推动全区发展。

● 区划整合

各类园区的存在，使空间管治结构更复杂并与功能结构更加不协调，加大了统筹、引导与调控空间发展的难度。比如，禄口街道和空港新城，江宁街道和滨江新城，既存在街道，又存在不止一个园区。每一个园区都是一个相对独立的主体，每一个主体都面临着缺乏分工的考核要求，都有类似的招商引资和工商业（特别是工业）发展的冲动，这使得整个区域的总体协调非常困难。同时需要解决边界地区与仙林副城、板桥副城、南站地区行政区划问题；同时考虑新市镇间目前局部行政区划不合的问题。

● 制度创新

基于传统“自下而上”模式寻求解决乡村发展问题，乡村内生发展能力培育始终未能找到突破口，对城市化、城乡统筹大背景和特大城市区域、大都市区的差异性重视不够。过去江宁乡村发展规划普遍存在的情况是，对乡村进行普遍、分散而模式化的财政反哺，投入于一些意义不大的设施、硬件上，却忽视农村自身长期发展的扶持和引导，使得对农业的投入始终无法提升农村自我发展能力。这些对乡村地区发展缺乏根本性破解手段的政策措施，并未能从根本上塑造和激发农村发展的内生动力。

经过这几年的制度改革与城乡统筹的实践，江宁人的思想才华提升了，在制度、机制和运作方式上持续创新，其范围涉及经济和社会发展的各个层面与各个环节，既有战略上的创新，也有战术上的创新；既有制度上的创新，也有机制上的创新；既有运作上的创新，也有管理方式上的创新。这些不同层次的创新，构成了江宁模式的基本元素，也促进了江宁城乡统筹新空间的发展。

美丽幽静的甘泉湖休闲度假区

篇十　构建城乡可持续发展新策略

党的十六届三中全会明确提出“坚持以人为本，树立全面、协调、可持续的发展观，促进经济社会和人的全面发展”的科学发展观，并提出了以“城乡统筹发展”为首位的“五个统筹”的发展思路。这一伟大的改革策略思想，像朝阳那样一直在指引着江宁人向着幸福的康庄大道前进，促使江宁整个地区发生巨大变化。

在省委、省政府与市委、市政府的领导下，江宁区一百多万民众深深地认识到，城乡统筹的基本内涵在于：把工业与农业、城镇与农村、城镇居民与农民作为一个整体，统筹谋划、综合研究，通过体制改革和政策调整，协调工农关系、城乡关系，逐步清除城乡之间的藩篱，从根本上解决“三农”问题，促进城乡经济社会协调发展，走可持续发展之路，推进城乡分割的二元结构向城乡一体化的现代社会经济结构转变，建设社会主义新农村，向现代化社会演化。

江宁区城乡统筹的目标模式，其重要内容表述如下：

◆ 是以新市镇为重点，协调城乡公共服务与设施网络体系，自下而上与自上而下紧密结合，分类引导，渐进演化，城乡互补，整体优化的都市化地区城乡统筹模式。全区域已确定规划建设一个核心（东山副城）、五个新城：滨江新城、汤山新城、禄口新城、湖熟新城和麒麟新城，带动全区域的城乡一体化协调发展。

◆ 充分发挥大都市城乡统筹的发展潜力，通过政府积极理性地引导和推动市场，稳妥、渐进地实现城乡功能一体化、产业一体化、基础设施一体化、社会一体化、空间一体化。

◆ 根据城乡规划法，在江宁区的广阔天地里重点解决“三农”问题，提高农业现代化水平，发展建设社会主义新农村，全面提升农民的小康生活水平，确保城乡一体化全面协调发展。

建设现代化社会，提高江宁区整体经济发展实力，以改善人居环境质量、保障人民群众健康为根本出发点，江宁区委、区政府领导广大人民，经过研究与讨论，形成了一套比较完善的促进城乡可持续发展的新思路、新策略，大体的构架与主要内容包括：

● 城乡地域空间发展策略

在江宁区一千五百多平方公里的土地上，有山有水，土地肥沃，物产丰富，人杰地灵。在城乡统筹规划的指导下，江宁区人民意气风发，勤劳热忱，建设社会主义的新江宁。在城乡地域空间发展的新策略中，江宁提出，不仅要建设一个现代化城镇新空间，而且也要建设美丽繁荣的社会主义新农村。按照城乡统筹规划，推进南京大都市圈新城、副城的建设，以城带乡，城乡结合，从江宁的城市化区域不断向南面、西面、东面辐射，培育城乡一体化的整体竞争力，保证优先开发重点地区，大力建设开发区、新城区，区域协调发展，促进城乡社会和谐发展。江宁区政府依据区规划局的科学规划，过去和现在都在实行城乡地域空间发展的新策略，有五个方面的预留空间：一是留出足够的自然生态空间，二是留出可持续发展的土地空间，三是留出足够的公共活动空间，四是留出充足的市政设施拓展空间，五是留出适度的功能提升空间。

● 基础设施整体发展策略

在整个江宁区的城乡发展过程中，重点构建对外交通枢纽网络（南京南站与禄口国际机场），加强江宁区各个城镇与区域交通的衔接，与市区实现无缝对接，构建轨道、BRT 和公交运营系统，支撑城市市区与东山副城高效运行。从全区来说，要加快城区的综合交通建设，构建层次分明的道路网络，提高城市（东山与南京市区）内部的交通网络的完整性与可达性。同时构建中心城区与新城区、各个街道（镇区）的快捷交通体系，活跃城乡，提升城乡。

以合理解决换乘、无缝对接为原则，实现乡村公共交通的时空均衡

分布，管理规范，做到及时、高效、通达、方便，满足城乡居民出行的基本需求，繁荣城乡经济。主要枢纽站点有：东山、汤山、丹阳、横溪、禄口、湖熟、陶吴、滨江和谷里等。

● 用地空间集约发展策略

为了防止城镇建设的盲目扩展，鼓励高密度的城镇开发，特别是针对一些开发区、大学城，提倡城镇空间内涵挖潜，提高公共基础设施利用效率，建立完善的土地收购与土地储备制度，完善城市功能。倡导交通导向型（TDO）的开发模式，构建集中紧凑空间形态，加大老城区改造，置换城市用地，构建紧凑空间形态，改造老的宅基地，提高各街道用地效益，对全区的土地资源统一规划、统一筹备、统一管理，推动土地资源的市场化运作，促进江宁各个城镇的集约化用地方式，保护有限的土地资源。

根据江宁区城乡统筹规划，经过对土地资源的规划，引导城镇街道土地市场的规范，统筹开拓，2030 年可以整理出乡村建设用地约 100 平方公里（通过规范人均用地指标、集约化用地等策略措施），大约在 25 年里，每年可以新增加 4 平方公里的建设用地，如果在开发区、大学城内实施集约用地原则，新增用地会更多。

● 资源环境协调发展策略

江宁地区虽然大部分是平原、丘陵地，高山不多，土地资源与水资源均比较丰富，景观类型多样、生态化的优势明显，土地整理有序。但从可持续发展的新理念出发，也应加强资源环境的协调发展。今后还得加强资源的再生循环利用，大力开发新的能源材料，加快推进建筑节能、城镇节水、建设节材的工作，减少资源能源的过度消耗，促进城乡建设的集约发展。完善城乡环境基础设施建设，加强生态保护与环境治理，通过减少污染排放，推进固体废弃物集中处理和水环境综合治理，保护好外秦淮河的水质，重点保护汤山国际温泉城的地下水资源、农村地区大型水库、旅游区的水资源，全面提升城市和农村生态环境质量，促进人与自然协调发展。

科技文化特色发展策略

改革开放30年来，江宁开发区、新区建设取得了重大成就。目前在江宁区内已有名校十多所，特别是河海大学、东南大学、南京航天航空大学、中国药科大学、金陵科技学院和晓庄师范学院等等，都布局在江宁经济技术开发区内，为江宁区的现代化建设提供了先进的科学技术与文化基础，为南京市提供研发、创新的基本力量与人才培训。

今后江宁区除了加强文化科技力量，充分利用现有的高校院所的优势，发挥他们的科技创新力量，为江宁区经济建设服务。还要大力加强基础教育、培育人才，引进人才，提高全民的文化教育水平，为江宁区的城乡物质、文化建设提供更加坚实的基础。同时，结合江宁区的山水特征，与南京城的悠久历史渊源关系特征，严格保护历史文化遗存，物质性与非物质性文化遗产保护并举，保护历史风貌的完整性、文化遗产的原真性和社会生活的延续性，传承历史文化，引导城市文化创意空间开发，加快绿色空间、历史街区、历史建筑资源的功能更新和现代科技与现代文化的再生。

中科院南京地理与湖泊所、江宁区规划局专家学者考察
江宁甘泉湖旅游区（摄影者：姚士谋、吴恒志）

附：部分江宁区城乡总体规划图

南京市江宁区城乡总体规划(2010-2030)

2030年土地利用规划图

Jiangning District Urban-Rural Master Plan

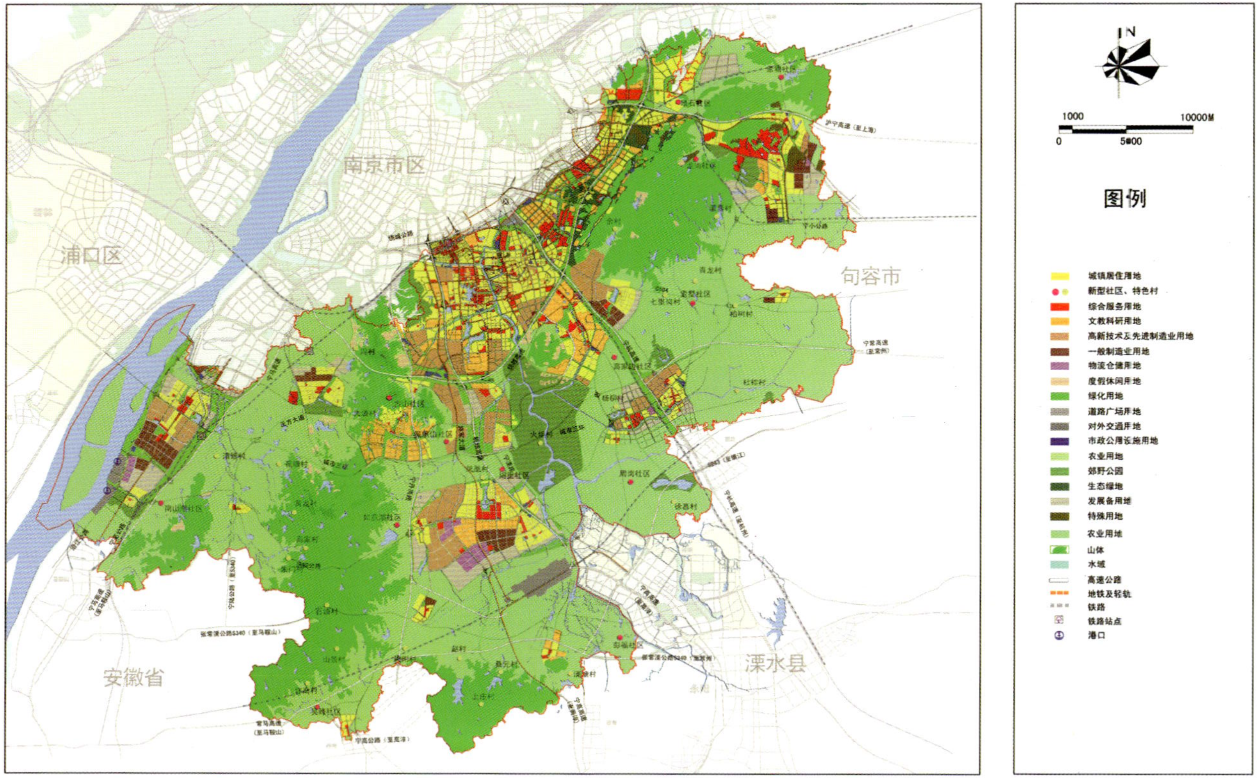

南京大学城市规划设计研究院/南京城理人城市规划设计有限公司

南京市江宁区城乡总体规划(2010-2030)

聚落体系规划图

Jiangning District Urban-Rural Master Plan

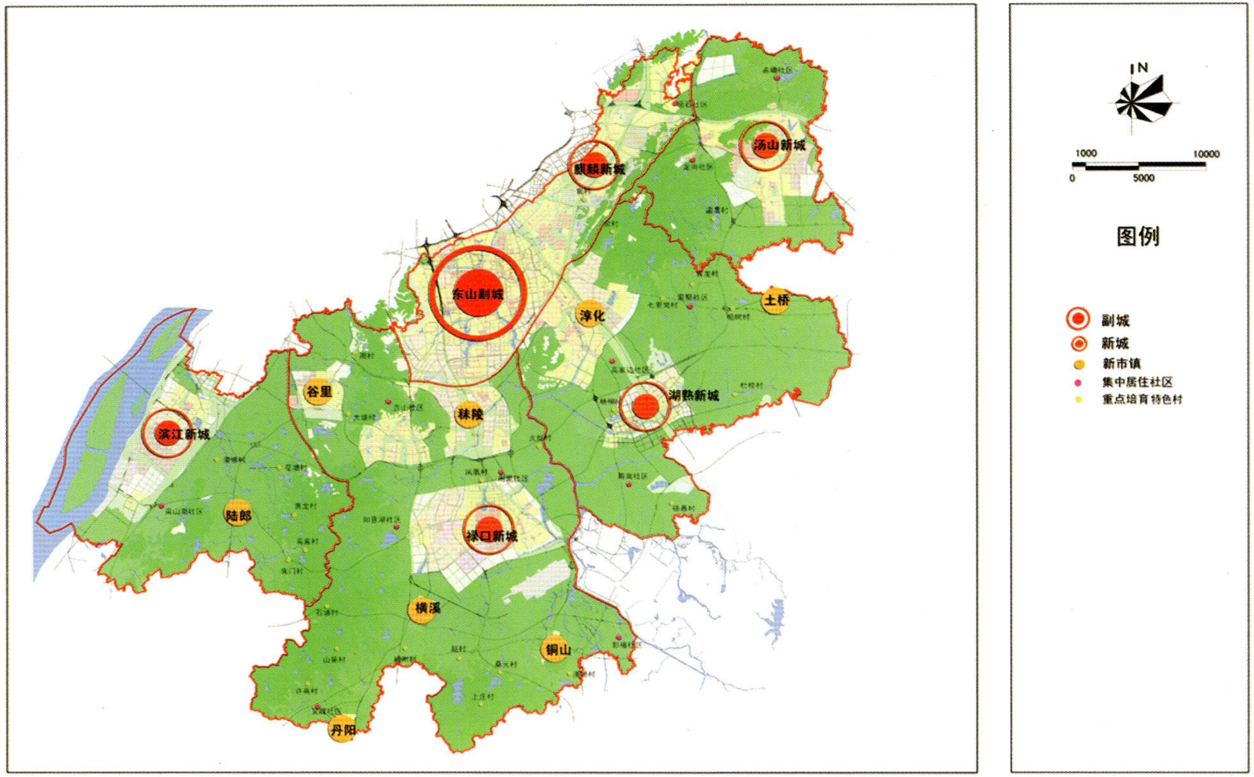

南京大学城市规划设计研究院/南京城理人城市规划设计有限公司

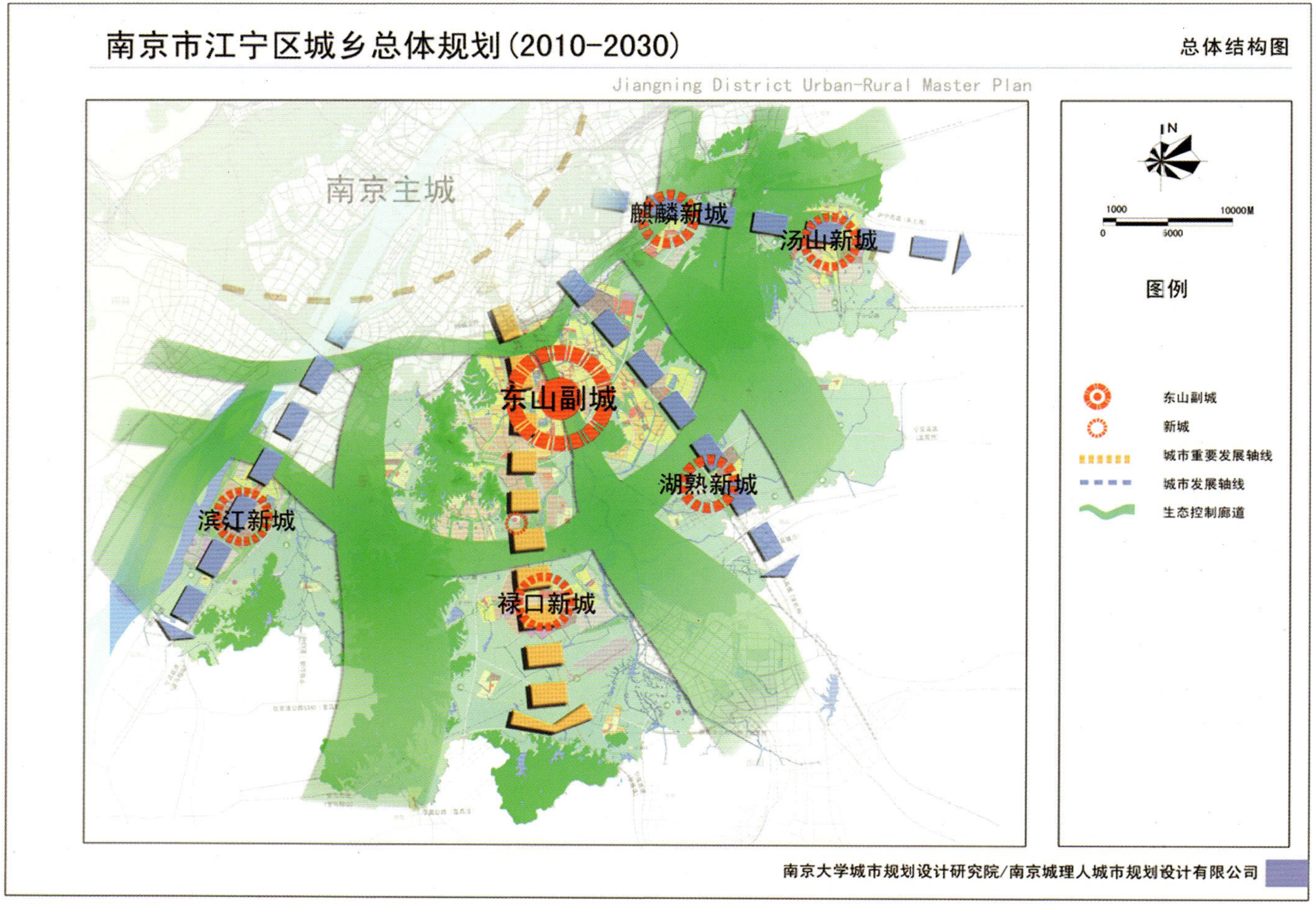
南京市江宁区城乡总体规划(2010-2030)
总体结构图
Jiangning District Urban-Rural Master Plan
南京主城
麒麟新城
汤山新城
东山副城
湖熟新城
滨江新城
禄口新城
N
1000
10000M
0
5000
图例
东山副城
新城
城市重要发展轴线
城市发展轴线
生态控制廊道
南京大学城市规划设计研究院/南京城理人城市规划设计有限公司

南京市江宁区城乡总体规划(2010-2030)

产业空间布局引导图

Jiangning District Urban-Rural Master Plan

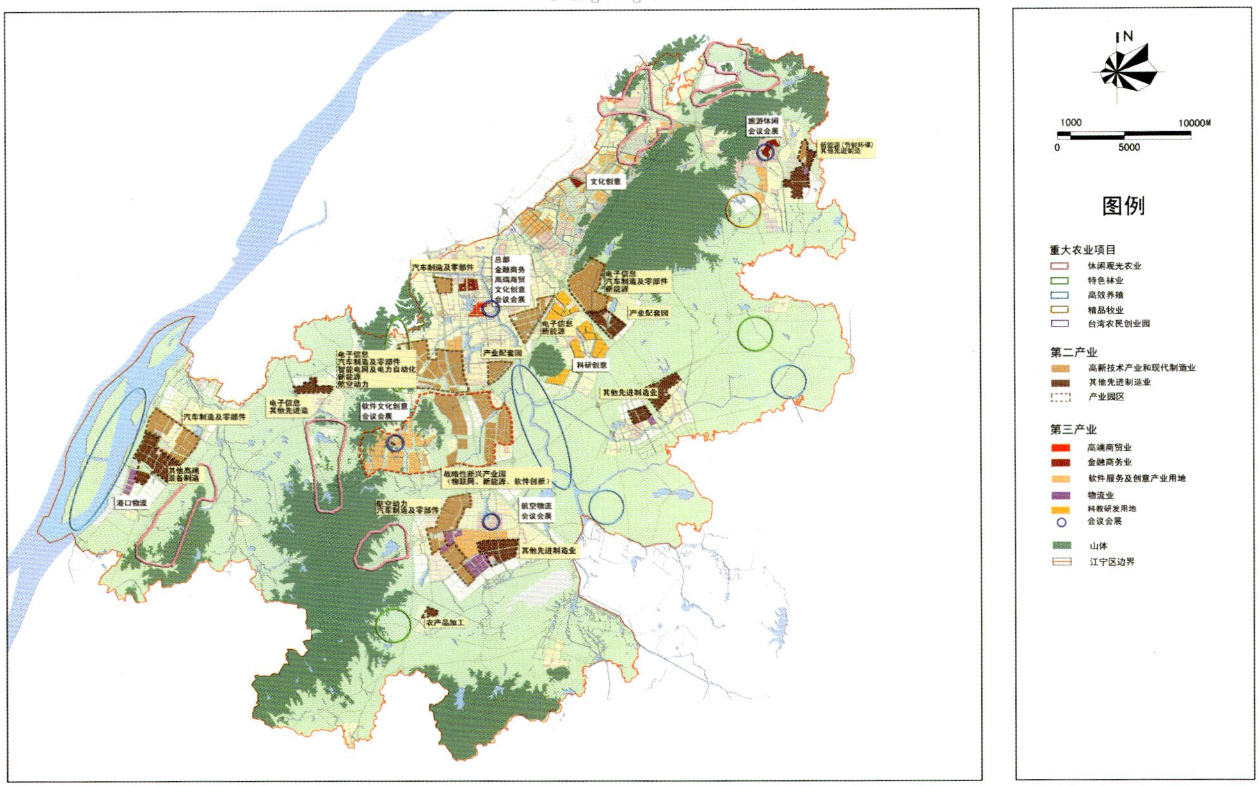

南京大学城市规划设计研究院/南京城理人城市规划设计有限公司

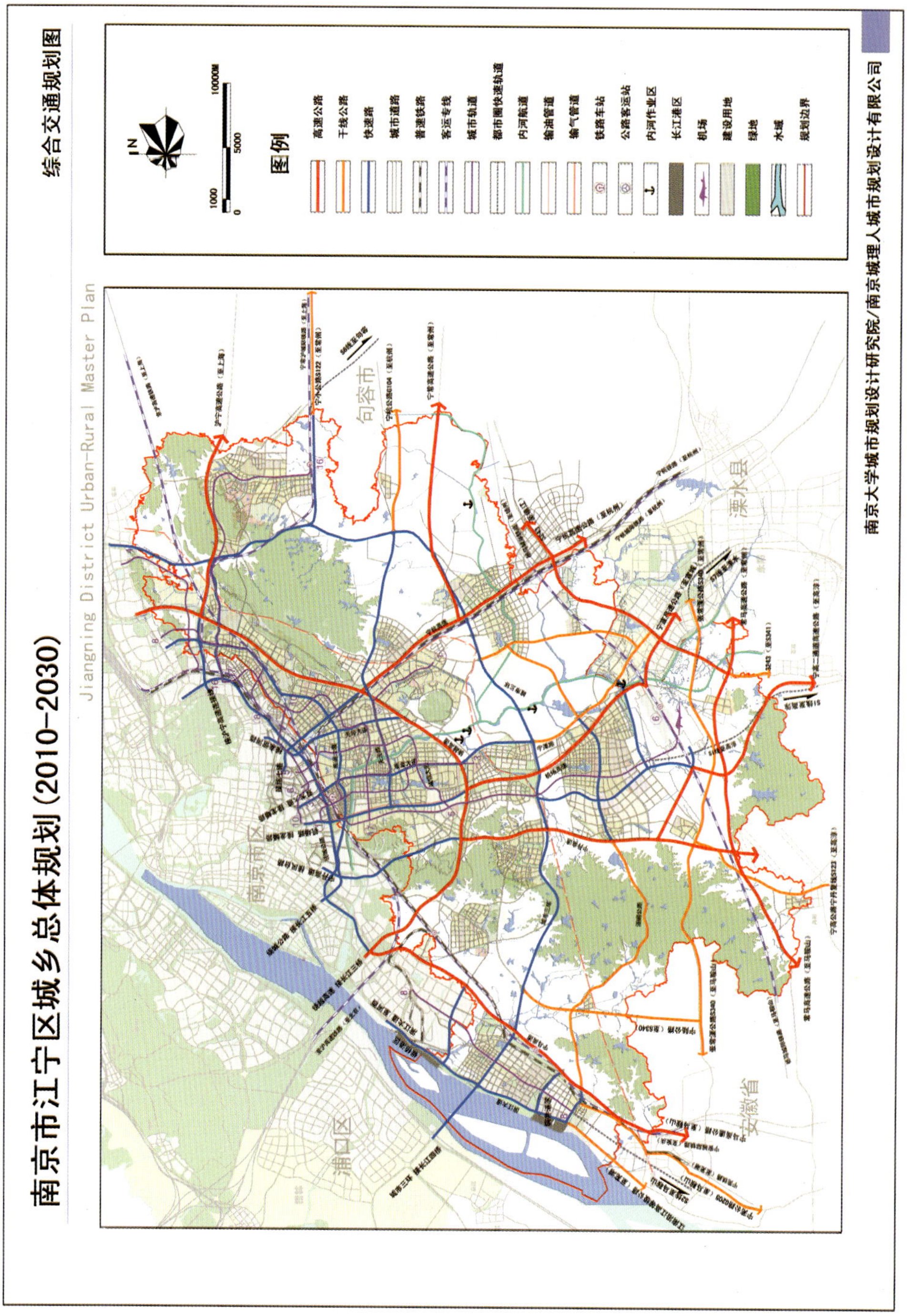
南京市江宁区城乡总体规划(2010-2030)
Jiangning District Urban-Rural Master Plan
综合交通规划图
图例
高速公路
干线公路
快速路
城市道路
普速铁路
客运专线
城市轨道
都市圈快速轨道
内河航道
输油管道
输气管道
铁路车站
公路客运站
内河作业区
长江港区
机场
建设用地
绿地
水域
规划边界
句容市
溧水县
安徽省
南京市区
浦口区
南京大学城市规划设计研究院/南京城理人城市规划设计有限公司

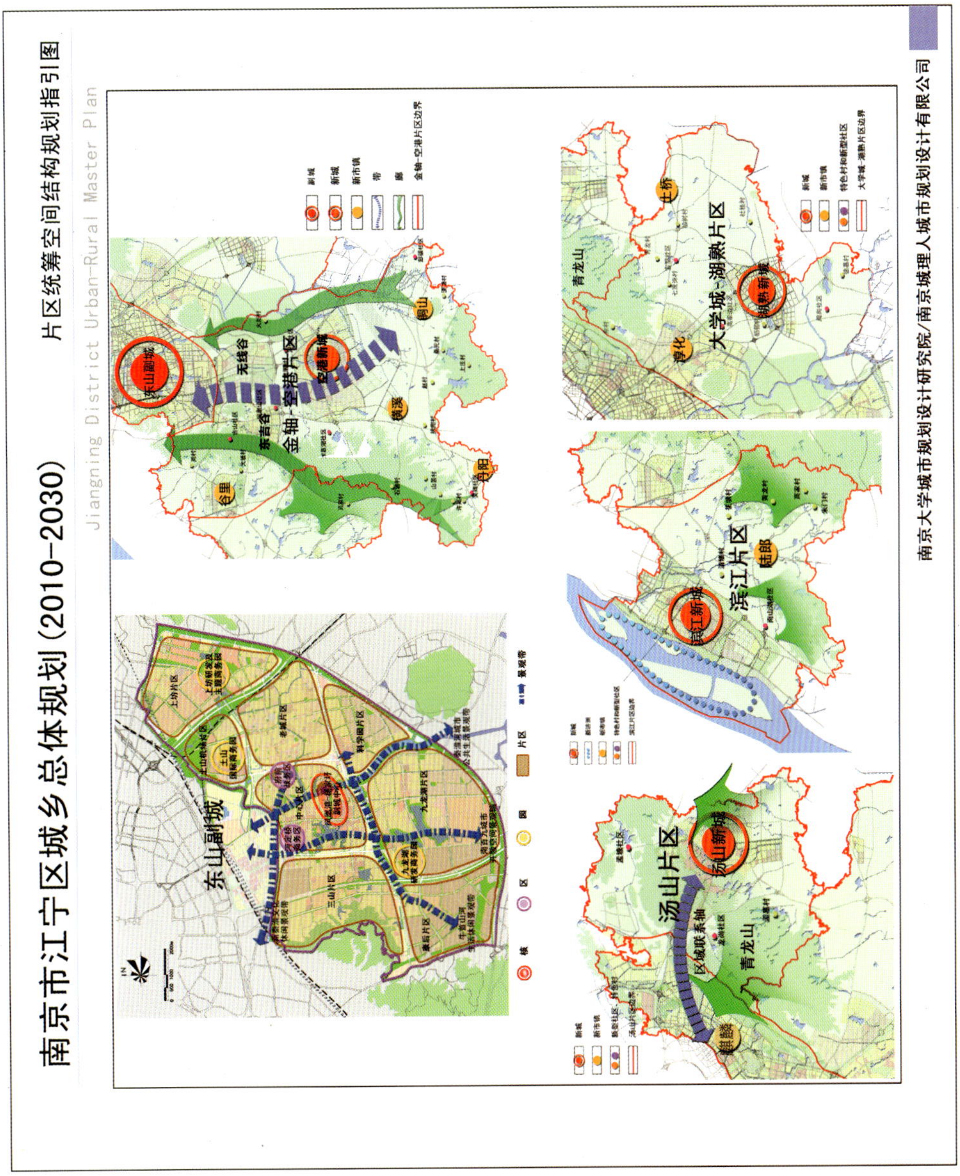
南京市江宁区城乡总体规划(2010-2030)
Jiangning District Urban-Rural Master Plan
片区统筹空间结构规划指引图
东山副城
金轴-空港片区
空港新城
无线谷
东吉谷
谷里
禄口
淳化
上坊
大学城-湖熟片区
湖熟新城
淳化
土桥
青龙山
滨江片区
滨江新城
陆郎
汤山片区
汤山新城
区域联系轴
南京大学城市规划设计研究院/南京城理人城市规划设计有限公司

参考文献

[1] 十六大以来重要文献选编(上、中、下).北京:人民出版社,2006.

[2] 温家宝.政府工作报告(2010.3.8).

[3] 胡锦涛.在中央经济会议上的讲话(2005.11.29).

[4] 江宁区规划局,南京大学,东南大学,等. 南京市江宁区城乡统筹规划(研究报告文本与附件).2009年5月.

[5] 王红杨,张京祥. 南京大学、江宁区规划局:城乡总体规划(2010—2030年). 2010年编制.

[6] 吴良镛.一轴三带:京津冀区域空间新布局. 中国经济报告,2007,1.

[7] 戴相龙.天津滨海新区:中国改革的新“试验区”. 中国经济报告,2007,1.

[8] 姚士谋,陈振光,朱英明. 中国城市群.合肥:中国科学技术大学出版社,2008.

[9] 陆大道,姚士谋,等.中国区域发展报告.北京:商务印书馆,2007.

[10] 蒋好华.区域创新之路.北京:新华出版社,2005.

[11] 汪光焘. 在中国城市规划年会上的讲话(广州)(2006.9.21).

[12] 郁鸿胜,宗付宏,李娜.长江三角洲区域城镇体系空间布局研究.上海:上海科学院出版社,2008.

[13] 姚士谋,冯长春,王成新,等.中国城镇化及其资源环境基础(有关城乡统筹部分).北京:科学出版社,2010.

[14] 江宁区人民政府工作报告(2010.3; 2011.1).

[15] 南京市城市总体规划修编文本.(2006—2020年).

[16] 顾介康,顾新华,等.江苏县域经济三十年观察.南京:江苏人民出版

社,2009.

[17] 南京市人民政府. 南京市人大政府工作报告(2006—2010 年).

[18] 周谦.在江宁区委 11 届 19 次全体会议上报告(2010.12.29).

[19] 柏鹏.江宁区政府工作报告(2011.1.24).

[20] 南京市规划局江宁区人民政府横溪街道办事处.城乡统筹先导试点镇规划初步成果汇编:规划师南京乡村行.2011.

[21] 南京市人民政府.政府工作报告(2011.2.15).

[22] 姚士谋,等. 长江三角洲的区域发展特征与问题)//中国社科院. 中国区域发展研究报告. 北京:中国社会科学出版社, 2011.

[23] 仇保兴(住建部副部长).在重庆中国城市规划年会上的讲话(2010.9).

[24] 周岚(江苏住建厅厅长). 在江苏省城乡规划与建设会上的有关讲话(2009、2010 年).

[25] 中国科学院预测科学研究中心.中国经济预测与展望(2011 年). 北京:科学出版社, 2011.